Klasse 3/4

Susanne Deluge

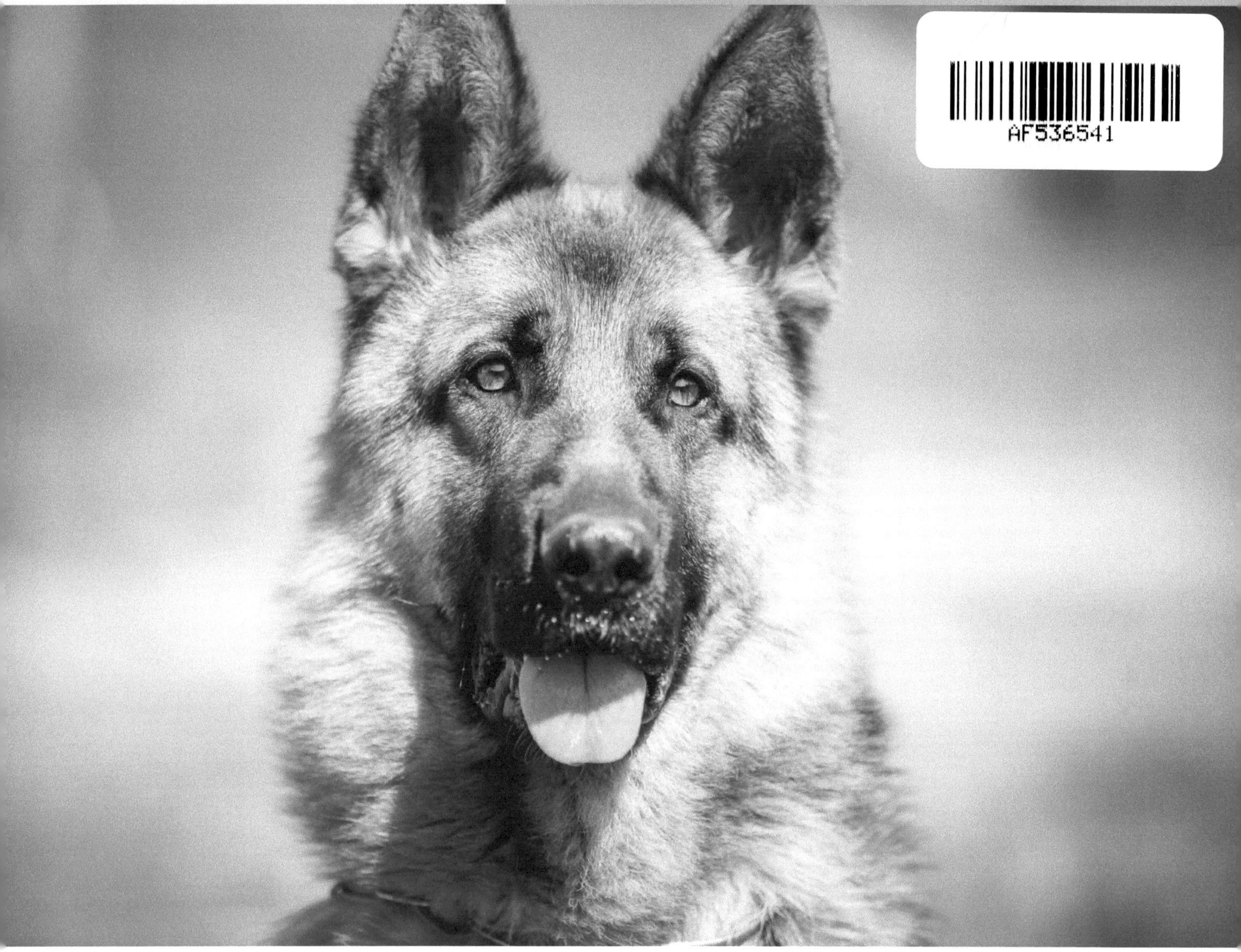

Lernwerkstatt Hunde

Die treuen Begleiter unter der Lupe

Lernwerkstatt HUNDE

Die treuen Begleiter unter der Lupe

6. Auflage 2025

Inhalt: Susanne Deluge
Umschlagbild: Grigory Bruev - fotolia.com
Redaktion: Kohl-Verlag
Grafik & Satz: Kohl-Verlag
Druck: Elanders Druck, Waiblingen

Bestell-Nr. 11 966

ISBN: 978-3-96040-113-1

Kontakt: Kohl-Verlag, An der Brennerei 37-45, 50170 Kerpen
Tel: +49 2275 331610, Mail: info@kohlverlag.de

Inhalt

Seite

Vorwort ... 4

1 Vom Wolf zum Hund – Der Wolf als Vater aller Hunderassen ... 5 - 6
2 Von Mensch und Hund – Der Mensch und die Hundezucht ... 7 - 8
3 Der Körperbau des Hundes – Das Gebiss ... 9 - 10
4 Der Körperbau des Hundes – Der Körper ... 11
5 Der Körperbau des Hundes – Die Knochen ... 12
6 Haut und Haar – Das Fell unserer Hunde ... 13 - 15
7 Die Pfoten – Auf leisen Sohlen ... 16
8 Die Sinne des Hundes – Das Auge – Die Nase – Die Ohren – Das Fühlen und Schmecken ... 17 - 21
9 Hunde richtig verstehen – Verstehst du „Hundisch"? ... 22
10 Bedürfnisse der Hunde – Mein Hund – mein Freund! ... 23
11 Eigenarten der Hunde – Andere Hunde – Andere Eigenarten! ... 24 - 26
12 Keine Rechnung ohne Hund – Ein Hund kostet viel Geld ... 27
13 Arbeitshunde & Co. Dienst- und Schutzhunde – Tierische Staatsbeamte ... 28
14 Arbeitshunde & Co. Rettungshunde –Retter in der Not ... 29
15 Arbeitshunde & Co. Assistenzhunde – Lebenspartner auf 4 Pfoten! ... 30
16 Arbeitshunde & Co. Jagdhunde – Die idealen Jagdgefährten ... 31
17 Hundesport – Sport ist kein Mord! ... 32 - 33
18 Hunderassen im Mix – Die richtige Mischung macht's! ... 34
19 Mein bester Freund auf vier Pfoten ... 35
20 Welcher Hund ist der richtige? Augen auf beim Hundekauf! ... 36
21 Rätselecke und Spielespaß ... 37 - 41

Lösungen ... 42 - 48

KOHL VERLAG Lernwerkstatt HUNDE Die treuen Begleiter unter der Lupe – Bestell-Nr. 11 966

Vorwort

Liebe Lehrkraft, liebe Schülerinnen und Schüler,

in der Lernwerkstatt über die verschiedenen Hunderassen erhalten die Schüler Informationen zur Abstammung des Hundes und der Entstehung der verschiedenen Hunderassen, der Anatomie und der Funktion der Sinnesorgane. Sie erhalten Informationen über die Aufgaben eines berufstätigen Hundes, von Hirten-, Service-, Dienst-, Jagd- und Gesellschaftshunden.

Spielerisch soll erlernt werden, wie wichtig es ist, dass Tiere Lebewesen sind und nicht einfach nur Spielzeuge, die man, wenn man sie nicht mehr möchte, in die Ecke stellen kann. Das zu erlernende Material soll das Bewusstsein fördern und den Schülerinnen und Schülern ein Gespür dafür geben, wie schön es ist, einen tierischen Partner zu haben, und dass dies auch einiges an Aufwand und Verantwortung mit sich bringt.

Ein Hundeleben kann so schön sein! Und für den Menschen kann der Hund das fehlende Bindeglied zum Glücklichsein bedeuten.

„Hunde haben alle guten Eigenschaften des Menschen,
ohne gleichzeitig ihre Fehler zu besitzen!"
(Friedrich der Große)

Pädagogische Hinweise für Lehrerinnen und Lehrer:

Die Kopiervorlagen dieser Lernwerkstatt lassen sich unabhängig voneinander im normalen Unterricht ebenso einsetzen wie in der Freiarbeit (z.B. in Form von Wochenplanarbeit oder Stationenlernen). Hilfreich wäre hierbei noch die Möglichkeit des Internetzugangs für die Schülerinnen und Schüler und/oder die Bereitstellung von verschiedenen Büchern, Lexika etc. zur Erarbeitung bestimmter Aufgaben.

Viel Freude und Erfolg wünschen das Kohl-Verlagsteam und

Susanne Deluge

Symbolerklärung:

Einzelarbeit

Partnerarbeit

Gruppenarbeit

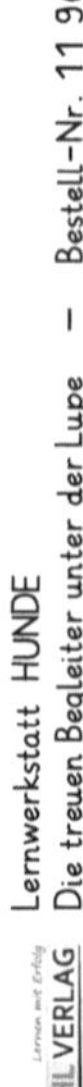

1. Vom Wolf zum Hund

Der Wolf als Vater aller Hunderassen!

Alle Hunderassen dieser Welt stammen vom Wolf ab. Eine These, die sich gewagt anhört, doch die Wahrheit liegt in den Genen.

Wir wandern mal 12.000 Jahre zurück in unserer Geschichte. Auf der nördlichen Welthalbkugel ist der Wolf sehr weit verbreitet und Jäger finden bei der Jagd ein paar Wolfswelpen. Die Jungtiere wurden ohne Schutz vom Rudel zurückgelassen. Da die Jäger ein großes Herz haben, nehmen sie die Tiere mit nach Hause und ziehen sie groß. Aus Dankbarkeit für die Pflege beschützen die nun halbwilden Wölfe den Besitz der Jäger.

Eine andere These besagt, dass die Wölfe bei den Menschen rumlungerten, um ein paar Abfälle zu stibitzen. Die Menschen haben sich wohl nur die jungen Tiere ausgesucht, die weder ängstlich noch aggressiv waren, um sie zu erziehen. Egal welche der Entstehungen richtig ist, eins ist sicher: Im Laufe der Jahrhunderte entwickelten sich daraus unsere Hunde, die wir heute kennen.

Aufgabe 1: *Schreibe mit eigenen Worten, wie es dazu kam, dass die Wölfe bei den Menschen Zuflucht fanden.*

Wissenschaftler forschen seit Urzeiten, wie die Wandlung vom Wolf zum Hund wohl vorgegangen ist. Die Unterschiede zu den heute lebenden Wölfen und Hunden sind sehr groß. Demnach haben sich in grauer Vorzeit bei den Wölfen bzw. halbwilden Nachkommen die Gene verändert. Die Erbanlagen für Größe und Aussehen waren in den frühen halbwilden Hunden bereits veranlagt. Und da dieser Wandel sich nicht nur auf eine bestimmte Region festlegen ließ, sind nach und nach in den verschiedensten Regionen der Welt verschiedene Rassen entstanden.

Aufgabe 2: *Setze die richtige Bezeichnung unter jeden Wolf.*

Grauwolf – Schwarzwolf – Timberwolf – Polarwolf

__________ __________ __________ __________

KOHL VERLAG Lernwerkstatt HUNDE Die treuen Begleiter unter der Lupe – Bestell-Nr. 11 966

1. Vom Wolf zum Hund

Schon wenn man sich die verschiedenen ____________ ansieht, kann man sich vorstellen, wie sich daraus auch verschiedene Hundearten ________ konnten. Die ________ haben natürlich einen großen Teil dazu beigetragen. Sie ________ die ________ mit den für sie passenden ____________ zusammen und erhielten dann wieder eine neue Art. So ging das Jahrhundert für ________ weiter. Wenn man sich dazu wieder ins Gedächtnis bringt, dass dies zeitgleich in ____________ Ländern in der ____________ geschah, kann man nachvollziehen, dass es so viele verschiedene ____________ gibt.

Aufgabe 3: *Ups, da sind doch glatt die Worte aus dem Text gepurzelt. Setze sie wieder an die richtige Stelle.*

Eigenschaften – brachten – verschiedenen – Hunderassen – Welt – Rassen – Menschen – entwickeln – Jahrhundert – Tiere

Wolfsmythos

Der Wolf begleitete den Menschen schon in seinen Anfängen. Viele Geschichten und Mythen ranken sich um Gevatter Wolf.

Die Gründer Roms „Romulus und Remus" wurden als Säuglinge ausgesetzt. Der Mythos besagt, dass sie von einer Wölfin angenommen und gesäugt worden sind. So konnten die Kinder überleben, bis sie von Menschen gefunden und aufgezogen wurden.

Aufgabe 4: *Wie hießen die beiden Jungen, die von einer Wölfin gesäugt wurden?*

Bei den Kelten wurde der Wolf in Bezug zu seinem Familiensinn als Symbol für Gemeinschaft geehrt. Und die Indianer in Nordamerika verehren auch heute noch den Wolf als weisen Lehrer, der mit den Mächten des Mondes verbunden ist.

Aufgabe 5: *Kennst du eine Geschichte oder ein Märchen, in dem ein Wolf vorkommt? Schreibe die Antwort in dein Heft und male ein passendes Bild dazu.*

Lernwerkstatt HUNDE
Die treuen Begleiter unter der Lupe – Bestell-Nr. 11 966

2. Von Mensch und Hund

Der Mensch und die Hundezucht

Die Menschen erkannten schnell, dass die Tiere sehr gelehrig sind. Schon in der ägyptischen Antike und im altrömischen Reich hielt man Hunde aus den gleichen Gründen wie zu heutiger Zeit. Der Hund war Jagdgehilfe, Hüter der Herden, der Bewacher von Haus und Hof und natürlich der treue Begleiter seines Herrchens.

Aufgabe 1: *Aus welchen Gründen wurden die Hunde gehalten? Schreibt die Lösung in euer Heft.*

Jedoch wurden zum damaligen Zeitpunkt die Hunde noch nicht bestimmten Rassen zugeordnet. Dies geschah erst später in der Geschichte des Haushundes. Die gezielte Auswahl in der Zucht und die natürliche Anpassung haben bereits im Mittelalter dazu geführt, dass es zahlreiche unterschiedliche Hunderassen und Hundetypen gegeben hat. Zum Anfang des 19. Jahrhunderts hatten sich schon viele der hochintelligenten und hochspezialisierten Jagdhunderassen von heute entwickelt.

Aufgabe 2: *Welche Jagdhundrassen kennst du? Schreibe mindestens 3 in dein Heft/in deinen Ordner.*

Als es zum Ende des 19. Jahrhunderts immer schicker wurde, seine Hunde auf einer Ausstellung zu präsentieren, musste man bestimmte Merkmale einer Rasse festlegen, um die jeweiligen Hunde daran zu messen und zu bewerten. Der erste Hundeverein wurde im Jahr 1873 in England gegründet. Der Kennel-Club führte ein Jahr später das erste Zuchtbuch ein, das feste Standards für bestimmte Hunderassen festgelegt hat.

Aufgabe 3: *Schreibe in dein Heft und beantworte:*

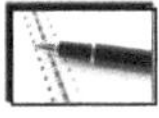

a) Wann wurde der erste Hundeverein gegründet?

b) Wo wurde dieser Verein gegründet?

c) Warum wurde ein Hundeverein gegründet?

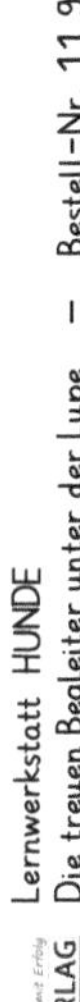
KOHL VERLAG
Lernwerkstatt HUNDE
Die treuen Begleiter unter der Lupe – Bestell-Nr. 11 966

2. Von Mensch und Hund

Die erste Hundeausstellung in Deutschland hatte vom 14. bis 20. Juli 1863 in Hamburg stattgefunden. Dort wurden 453 Hunde vorgestellt. Die größte Hundeschau der Welt ist die vom Kennel-Club organisierte „Westminster Kennel Club Dog Show" in New York City. Diese Ausstellung wird seit 1877 durchgeführt und findet bis heute statt. Ziel dieser Ausstellungen ist es, die besten Tiere der jeweiligen Rasse zu finden. Die Bewertung in den jeweiligen Zuchtausstellungen bildet eine Grundlage für die Zucht.

Aufgabe 4: a) *Wann fand die erste offizielle Hundeausstellung in Deutschland statt?*
b) *Wie viele Hunde wurden in der Hamburger Ausstellung vorgestellt?*
c) *Seit wie vielen Jahren gibt es die „Westmister Kennel Club Dog Show" in New York City?*

Wie wird denn in der Ausstellung bewertet?

Die Bewertung für die Hunde in den Ausstellungen ist ähnlich der Schulnoten, die ihr für gute Leistungen bekommt. Bei den Hunden wird allerdings nicht die Leistung, sondern das Aussehen bewertet, das die nach den jeweiligen Rassestandards festgelegten Kriterien erfüllen muss.

Vorzüglich ... bekommen die Hunde, die in einem hohen Maß dem Standard entsprechen.

Sehr gut ... bekommen die Hunde, die nur ganz kleine Fehler aufweisen.

Gut ... erhalten die Hunde, die bereits größere Fehler haben.

Genügend ... gibt es für Hunde, die dem Rassetyp entsprechen, aber wesentliche Mängel aufweisen.

Disqualifiziert ... werden Hunde, die nicht dem Rassetyp entsprechen, die aggressiv sind oder bestimmte erhebliche Fehler aufweisen und Hunde mit disqualifizierenden Merkmalen des jeweiligen Rassestandards.

Ohne Bewertung ... bleiben die Hunde, die aufgrund ihres Verhaltens oder anderer Umstände nicht beurteilt werden können.

Aufgabe 5: *Wonach werden die Hunde in den Zuchtausstellungen bewertet?*

KOHLVERLAG Lernwerkstatt HUNDE Die treuen Begleiter unter der Lupe – Bestell-Nr. 11 966

3. Der Körperbau des Hundes

Das Gebiss

Eins sticht bei jedem Hund, egal welcher Rasse, heraus, das ist das Gebiss. Daran erkennt man auch noch heute, dass Hunde Raubtiere sind. Das Gebiss ist speziell zur Aufnahme von Fleisch und zum Abnagen von Knochen geeignet.

Aufgabe 1: *Verbinde die jeweiligen Bezeichnungen mit den Kreisen auf der Zeichnung.*

Schneidezähne

Oberkiefer

Eckzähne

vordere Backenzähne

Unterkiefer

hintere Backenzähne

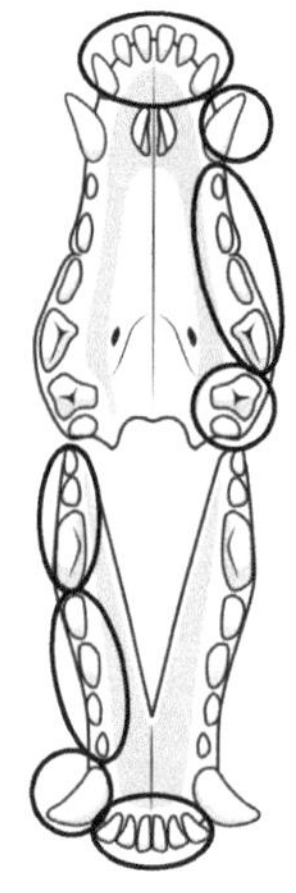

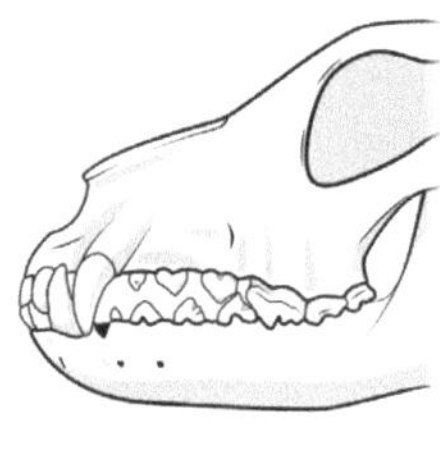

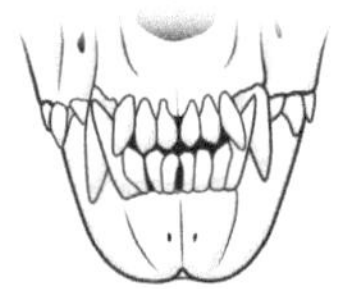

Das bleibende Gebiss der Hunde hat 42 Zähne. Unterteilt in Ober- und Unterkiefer hat jeder Kiefer 6 Schneidezähne, 2 Eckzähne (Hakenzahn) und 8 vordere Backenzähne. Der Oberkiefer hat 4 und der Unterkiefer 6 hintere Backenzähne. Jeweils 2 Backenzähne sind sehr kräftig und werden als Reißzahn bezeichnet, dies ist meist der drittletzte Zahn.

Die ***Fleischstücke*** greifen wie eine Zange ineinander und damit kann der Hund ***Oberkiefers*** zerreißen. Je nach Rasse sind die Kiefer unterschiedlich. Bei Deutschen Schäferhunden greifen die Schneidezähne des ***Zähnen*** direkt hinter die des Oberkiefers. Bei Rassen mit kurzen Schnauzen wie zum Beispiel dem Boxer ist der ***Eckzähne*** wesentlich kürzer als der Unterkiefer. Die unteren Schneide- und ***Rassen*** stehen vor den oberen ***Rückbiss***. Dies nennt man Vorbiss. Bei ***Unterkiefers*** mit langem und schmalem Kopf wie zum Beispiel den ***Reißzähne*** oder dem Collie ist der Unterkiefer deutlich kürzer als der Oberkiefer, also genau umgekehrt. Das nennt man Hinter- oder ***Windhunden***.

Aufgabe 2: *Da beiß mich doch ein Wolf, im unteren Infotext sind die Worte arg durcheinandergeraten. Bitte schreibe den Text in dein Heft ab und setze dabei die markierten Wörter an die richtige Stelle.*

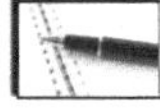

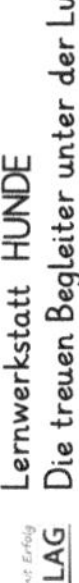

3. Der Körperbau des Hundes

Aufgabe 4: *Trage die richtigen Wortteile ein.*

Monat – zähne – geschlossen – Eck – Milch – gebiss – schen

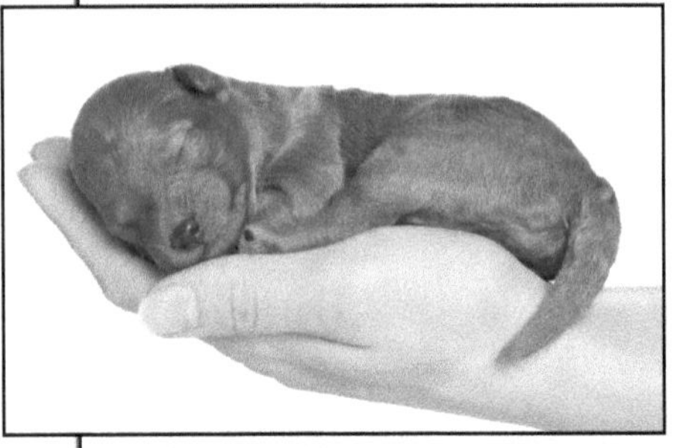

Die Welpen kommen zahnlos auf die Welt, genauso wie wir Menschen. Die ersten Milch__________ kommen mit den __________zähnen ungefähr in der dritten Woche. Das Milch__________ mit seinen 28 Zähnen ist nach rund 6 Wochen komplett. Wie bei uns Men__________ fallen die __________zähne nach und nach aus und werden durch bleibende Zähne ersetzt. Der Wechsel fängt im dritten Lebens__________ an und ist meist im siebten Lebensmonat ab __________.

Sehr oft kann man in der Menschen lesen, wie ein treuer Hund oder auch eine Katze die Zeitung vor Gefahren gewarnt und somit das Leben der Menschen gerettet hat.

So zum Beispiel der Hund „Pui" aus Thailand, er brachte von der Herrchen eine Plastiktüte mit nach Hause und bellte so lange, bis sein Müllhalde nachsah, was sich in der Tüte befand. Dort lag ein neugeborenes weggeworfen, welches jemand einfach Baby hat. Das Baby Held und Pui war der große überlebte.

In Niedersachsen Oder Deutschland. Hier hatte ein kleiner Feuertod eine ganze Familie vor dem Hund bewahrt. Er Vater so lange, bis der bellte aus dem Schlaf erwachte. Der Vater Familie seine drei Kinder, seine Frau und natürlich auch die beiden Hunde der konnte retten. Das vollständig der Familie wurde durch das Feuer Haus zerstört.

Aufgabe 5: *In jedem Satz sind zwei Wörter vertauscht. Schreibe den Text ab und setze die Wörter an die richtige Stelle.*

4. Der Körperbau des Hundes

Der Körper

Bei jedem Hund kann man das Erscheinungsbild in 3 Teile gliedern:

3. Hinterhand **2. Mittelhand** **1. Vorhand**

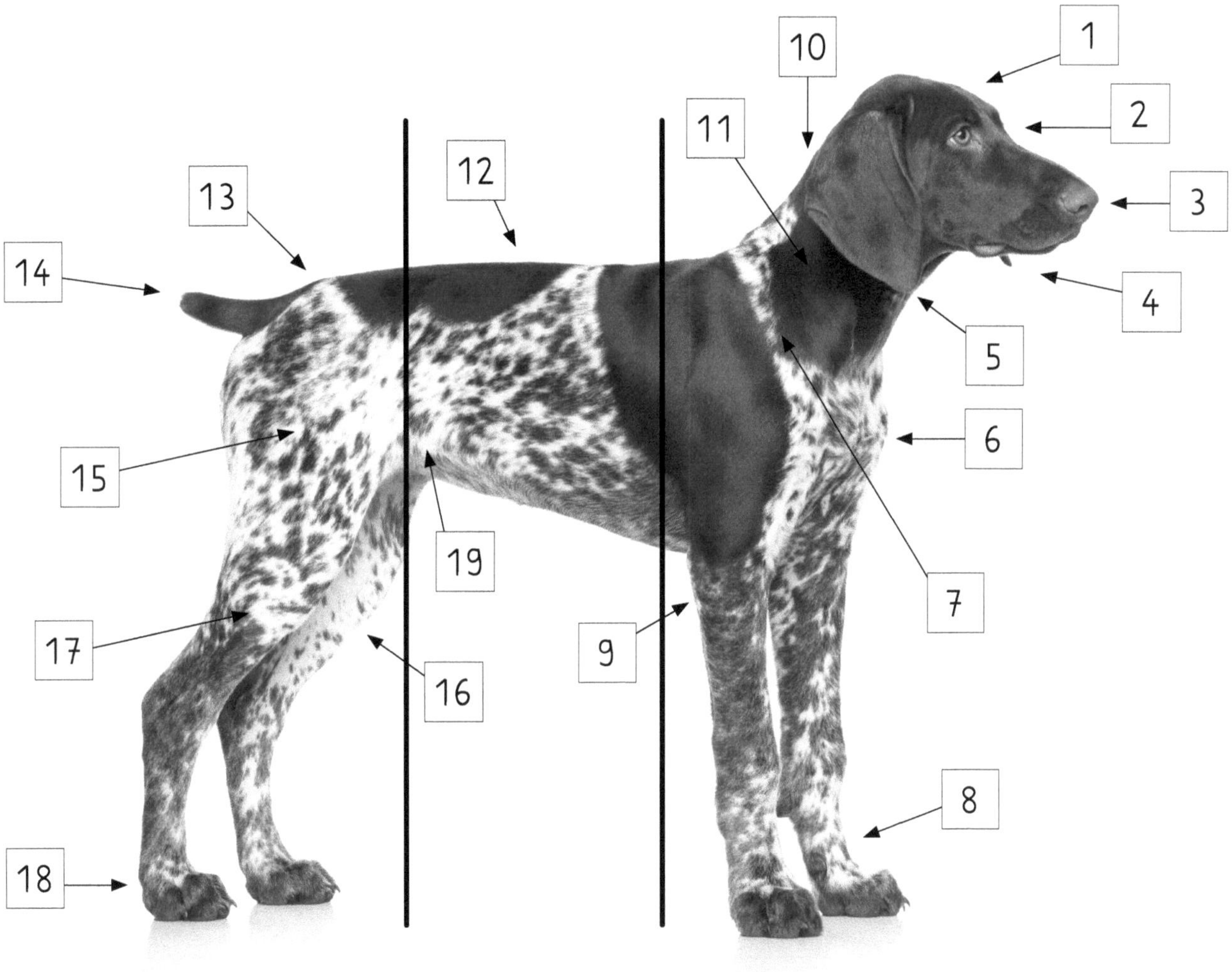

Aufgabe 1: *Trage die Zahlen aus der Zeichnung in die Tabelle zur jeweils richtigen Bezeichnung ein.*

	Knie		Kehle		Stirn		Rute
	Hals		Ellenbogen		Vorderfuß		Kruppe
	Unterschenkel		Flanke		Nase		Rücken
	Nacken		Oberschenkel		Brust		Stop
	Hinterfuß		Schulter		Lefze		

KOHL VERLAG
Lernwerkstatt HUNDE
Die treuen Begleiter unter der Lupe – Bestell-Nr. 11 966

5. Der Körperbau des Hundes

Die Knochen

Das aus Einzelknochen bestehende Skelett des Hundes ist je nach Lage und Bestimmung kurz wie die Wirbel oder platt wie das Schulterblatt und der Schädel oder gar röhrenförmig wie die meisten Gliedmaßenknochen. Bei den Röhrenknochen ist das innere der stabilen Knochenrinde mit einer Markhöhle ausgestattet, die mit Knochenmark gefüllt ist. Ganz außen werden die Knochen von der Knochenhaut geschützt. Diese verbindet die Knochen mit den Gefäßen und Nerven. Die Gefäße sind notwendig und helfen, den Knochen bei Brüchen zu heilen.

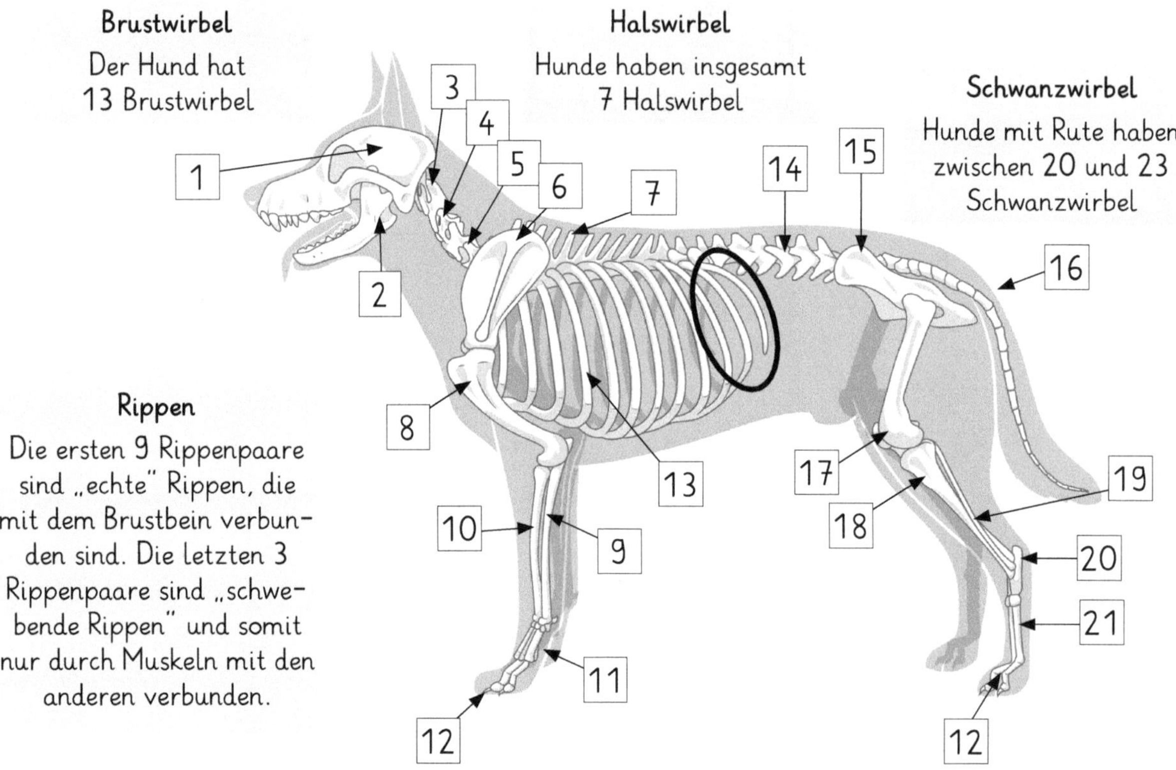

1		2	Unterkiefer	3	Atlas	4	2. Halswirbel
5	3. Halswirbel	6	Schulterblatt	7	Brustwirbel	8	Oberarm
9	Speiche	10		11	Vordermittelfuß	12	Zehengelenk
13		14	Lendenwirbel	15		16	
17	Oberschenkelbein	18		19	Wadenbein	20	Sprunggelenk
21	Hinterer Mittelfuß						

Aufgabe 1: *Da hat wohl mein Hund auf das Blatt gesabbert? Jetzt kann ich nicht mehr alles lesen. Kannst du mir helfen? Schreibe diese sechs Begriffe an die richtige Stelle in das obere Schaubild.*

Schädel – Becken – Rippen – Schienbein – Schwanzwirbel – Elle

Lernwerkstatt HUNDE
Die treuen Begleiter unter der Lupe – Bestell-Nr. 11 966

6. Haut und Haar

Das Fell unserer Hunde

Das größte Organ unserer Hunde ist ihr Fell. Dies besteht aus der Haut und den Haaren. Das Fell hat lebenswichtige Funktionen und eine große Bedeutung für unsere Vierbeiner. Deshalb ist auch die Fellpflege sehr wichtig.

Das je nach Rasse des Hundes sehr unterschiedliche Fell schützt die Hunde vor Umwelteinflüssen. Gleichzeitig kann man dem Hund am Fell ansehen, ob es ihm gut geht. Je nach Haardichte wachsen die Haare in Bündeln von 2 bis 15 Haaren aus einer Hautpore. Man unterscheidet zwischen zwei verschiedenen Haartypen:

1. Das Deckhaar (Langhaar und Kurzhaar)
   Das Deckhaar ist meist länger und liegt oben auf. Es wächst ca. 0,04 mm und 1,00 mm am Tag bei langhaarigen Hunden.
2. Das Wollhaar (Unterfell)
   Das Wollhaar ist meist kurz und oft sehr weich und flauschig. Das Wollhaar ist ein besonderer Schutz vor Kälte und ebenso Hitze. Es ist sozusagen die Klimaanlage der Hunde.

Aber nicht jede Hunderasse hat zwei unterschiedliche Haartypen. Bei kurzhaarigen Rassen entfällt meistens das Wollhaar. Das sind dann oft die Hunde, die man im Winter mit einem Mäntelchen sieht. Das Deckhaar alleine bietet keinen Schutz vor Kälte.

Aufgabe 1: *Verbinde die Fotos mit den jeweiligen Haartypen.*

Collie

Mops

Pharaonenhund

Altdeutscher Schäferhund

Deckhaar und Wollhaar	**nur Deckhaar/Kurzhaar**

Aber wir unterscheiden hier noch einen weiteren Haartyp: das Drahthaar oder auch Rauhaar! Hierbei handelt es sich oft um Jagdhunde, bei denen das Deckhaar sehr fest und grob ist. Bei all diesen Haartypen findet im Frühjahr und Herbst jeweils ein Fellwechsel statt, der oft das komplette Haarkleid erneuert. Bei sehr langhaarigen Rassen wie zum Beispiel dem Border Collie kann man das sehr gut erkennen.

Das Sommerhaarkleid ist nicht so dicht wie der Winterpelz.

Deutsch Drahthaar Jagdhund

KOHL VERLAG Lernen mit Erfolg
Lernwerkstatt HUNDE
Die treuen Begleiter unter der Lupe – Bestell-Nr. 11 966

6. Haut und Haar

Es gibt aber auch ganz besondere Rassen, die weder das eine noch das andere Haarkleid haben, sondern ganz spezielle Felltypen sind.

Portugisischer Wasserhund

Riesenpudel

Zwergpudel

Diese Rassen haben ein lockiges Fell und die Besonderheit daran ist, dass dieses Haarkleid nicht dem Fellwechsel unterliegt. Deshalb sind diese Hunde oft für Menschen, die auf Hundehaare allergisch reagieren, die geeigneten Haustiere.

Chinesischer Nackthund

Peruanischer Nackthund

Mexikanischer Nackthund

Diese Rassen haben nur ganz wenig oder gar keine Haare am Körper. Sie haben also gar keinen Schutz vor der Witterung und vor Umwelteinflüssen. Diese Rassen sind bis auf den Mexikanischen Nackthund von den Menschen hervorgerufene Züchtungen. Der Mexikanische Nackthund ist deshalb die Ausnahme, da bereits vor ungefähr 3500 Jahren die ersten Nachweise dieser Rasse in Mexiko existierten. Es wird angenommen, dass diese Rasse einen sehr hohen Stellenwert hatte und bei den Azteken als göttlicher Begleiter galt.

EA

Aufgabe 2:
Finde die folgenden Wörter in der Buchstabensuppe.

- Schäferhund
- Dalmatiner
- Rottweiler
- Pinscher
- Terrier
- Dackel
- Husky
- Spitz
- Pudel
- Boxer

Buchstabensuppe

S	L	J	D	O	P	I	S	Y	B	R	J	X	C	N
N	D	D	A	L	M	A	T	I	N	E	R	E	Y	T
J	S	K	F	D	Z	W	I	D	M	X	J	I	X	S
L	F	Y	F	X	C	W	R	Y	Y	L	B	L	F	P
I	G	R	O	T	T	W	E	I	L	E	R	W	D	I
Y	P	Q	C	I	X	P	K	G	A	P	I	N	S	T
X	P	I	N	S	C	H	E	R	G	W	J	Y	Y	Z
Q	S	J	F	D	I	W	G	S	H	R	W	L	K	L
X	B	O	X	E	R	G	Y	C	W	H	U	S	K	Y
S	M	L	U	J	S	S	A	E	G	A	S	B	J	C
V	G	J	S	C	H	Ä	F	E	R	H	U	N	D	K
A	H	D	E	R	C	X	K	J	N	A	H	I	D	D
W	D	A	C	K	E	L	K	K	D	G	F	K	Z	I
B	X	O	B	J	M	Y	M	Q	R	P	U	D	E	L
D	Q	T	E	R	R	I	E	R	U	X	U	J	N	B

6. Haut und Haar

Die Haut des Hundes hat viele Aufgaben zu bewältigen. Ohne Haare ist die Haut schutzlos. Sie reguliert jedoch den Blutdruck, da sie als Blutspeicher gilt. Die Haut ist sehr dehnbar, sodass selbst wenn der Hund gezwickt wird, diese nicht sofort reißt, sondern an ihren Platz zurück gleitet. Dies könnt ihr einfach selbst feststellen, indem ihr eurem Hund vorsichtig das Nackenfell nach oben zieht. Aber wie gesagt, vorsichtig, denn durch die Haut spürt der Hund natürlich alle Empfindungen wie ihr selbst. Lasst das Fell los und ihr werdet sehen, dass dieses sich wieder anschmiegt, als wenn nichts gewesen wäre. Abgesehen davon hat die Haut eine eigene Immunabwehr. Sie produziert eigene Aromastoffe, die, wenn der Hund sich irgendwo reibt, eine Duftspur hinterlässt, sodass der nächste Hund das riechen kann. Dies dient dem Abgrenzen des Territoriums wie auch der Nachricht über das eigene Geschlecht.

Eins kann die Haut jedoch nicht und das ist Schwitzen. Die Hunde können nicht wie wir Menschen die Haut durch Schweiß kühlen. Dies geschieht bei den Hunden nur durch das Maul. Die Hunde hecheln sich kühle Luft zu, damit die Körpertemperatur sinkt.

Mein Hund Nino hat sich freundlicherweise zur Verfügung gestellt, um euch zu zeigen, wie dehnbar das Fell ist. Er hat geschlafen und sich dadurch, wie ihr sehen könnt, gar nicht gestört gefühlt.

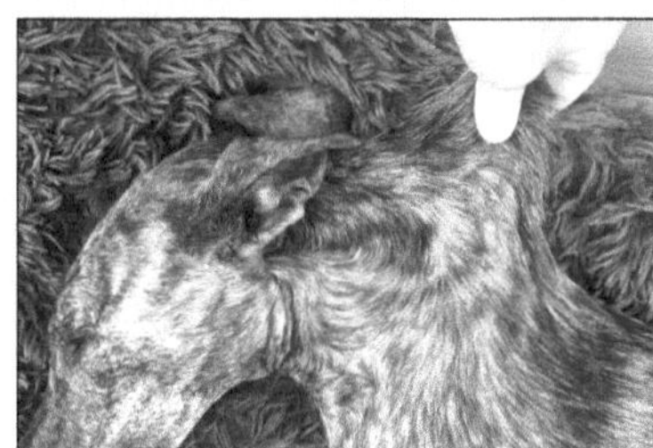

Ganz vorsichtig hab ich ihn am Fell gezupft …

… und wieder losgelassen.

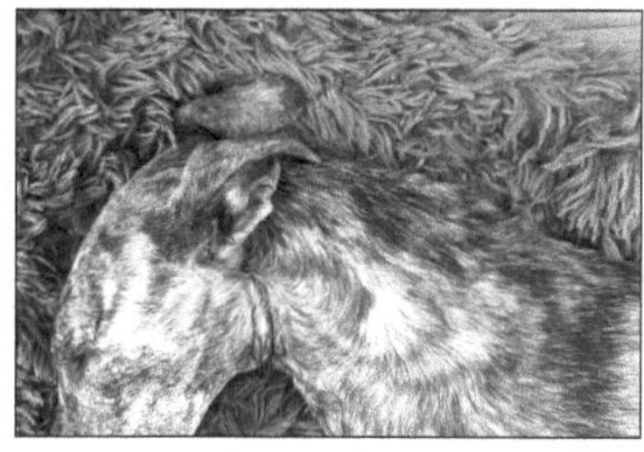

Aufgabe 3: a) Welche Aufgabe hat das Fell? ______________________________

____

b) Welche Haartypen gibt es? ______________________________

____

c) Bestimme, welcher Hund hat welches Fell?

Foxterrier

Weißer Schweizer Schäferhund

Dackel

Pudel

Langhaar mit Unterfell	Kurzhaar	Lockig	Drahthaar

7. Die Pfoten

Auf leisen Sohlen

Unsere Vierbeiner haben natürlich an allen vier Beinen auch vier Pfoten. Die Vorderpfoten sind unwesentlich größer als die Hinterpfoten, da die Vorderbeine das meiste Gewicht des Hundes tragen müssen.

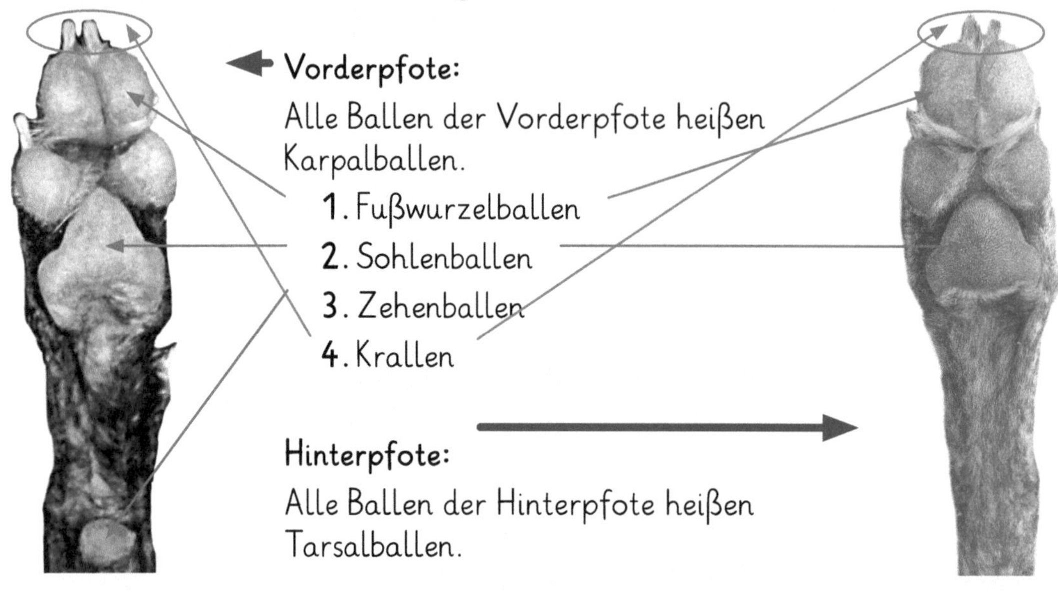

Die Pfoten dienen als Stoßdämpfer (Gleitschutz) und wenn die Hunde scharren, hinterlassen sie damit auch eine Duftspur für nachfolgende Hunde.

Abgesehen davon nutzen die Hunde die Pfoten gern zum Buddeln jeglicher Art.

Manche Rassen haben an der Hinterpfote auch noch eine 5. Kralle, diese wird als Wolfskralle bzw. Afterkralle bezeichnet. Bei den meisten Hunden existiert diese schon nicht mehr, doch bei manchen Jagdhunden wie z. B. dem Beauceron ist diese sogar vorgeschrieben.

EA **Aufgabe 1:** ***Rebus*** – *Löse das Rätsel.*

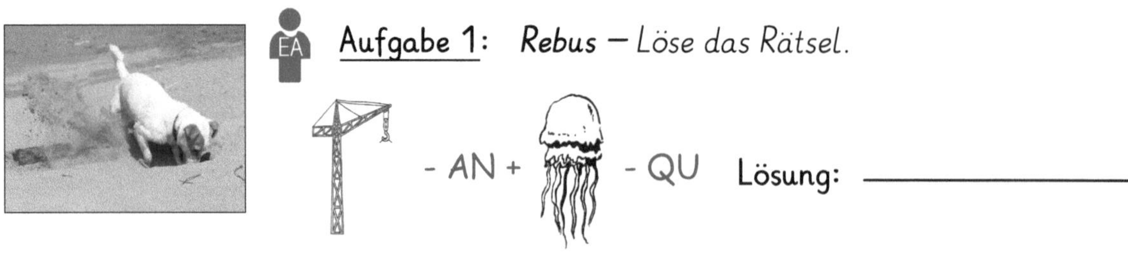

Lösung: ______________________

Aufgabe 2: *Könnt Ihr Spuren lesen? Versucht es mal: Das sind Spuren von.*

Lernwerkstatt HUNDE
Die treuen Begleiter unter der Lupe – Bestell-Nr. 11 966
KOHL VERLAG

8. Die Sinne des Hundes

Unsere Hunde besitzen auch heute noch wie ihre wilden Vorfahren superscharfe Sinne zum Aufspüren von Beute. Bemerkenswert ist ihre kräftige Muskulatur, die ihnen Schnelligkeit, Ausdauer und ein Spurtvermögen verleiht, das kein Mensch je erreichen kann. Die Hunde laufen auf ihren Zehen, das macht sie wendig und schnell. Ihre Nase erschnüffelt alles, was Sie interessiert, und ihre Augen sehen selbst im Dunkeln. Nicht zu vergessen: Hunde können sehr gut schmecken und fühlen. Und trotzdem nimmt der Hund die Umwelt anders wahr als der Mensch.

Ebenso wie wir Menschen nehmen die Hunde die Welt über ihre 5 Sinne wahr.

Aufgabe 1: *Verbinde die jeweiligen Bezeichnungen mit den richtigen Stellen auf dem Foto.*

Aufgabe 2: *Schreibe in dein Heft. Bezeichne die einzelnen Organe, mit denen die Sinne verbunden sind.*

Das Auge

Hundeaugen unterscheiden sich in verschiedenen Bereichen im Vergleich zum menschlichen Auge. Die Augen unserer Vierbeiner sind flacher. Deshalb kann sich das Hundeauge nicht so genau auf verschiedene Weiten einstellen wie unsere Augen. Sie können dadurch die Entfernungen schlechter abschätzen.

Ebenso ist die Sehschärfe sehr unterschiedlich. Je weiter ein Ziel entfernt ist, desto schlechter können die Hunde das Ziel erkennen. Die Augen des Hundes sind sehr licht- und bewegungsempfindlich. Aus diesem Grund kann ein Hund bei wenig Licht wesentlich besser sehen als wir.

Sehvermögen Mensch

Sehvermögen Hund

KOHL VERLAG
Lernwerkstatt HUNDE
Die treuen Begleiter unter der Lupe – Bestell-Nr. 11 966

8. Die Sinne des Hundes

Auch der Blickwinkel ist bei einem Hund wesentlich anders als bei uns. Es kommt bei dem sogenannten Gesichtsfeld darauf an, ob der Hund eine kurze oder lange Schnauze hat. Schauen wir uns das im Vergleich zum Menschen an:

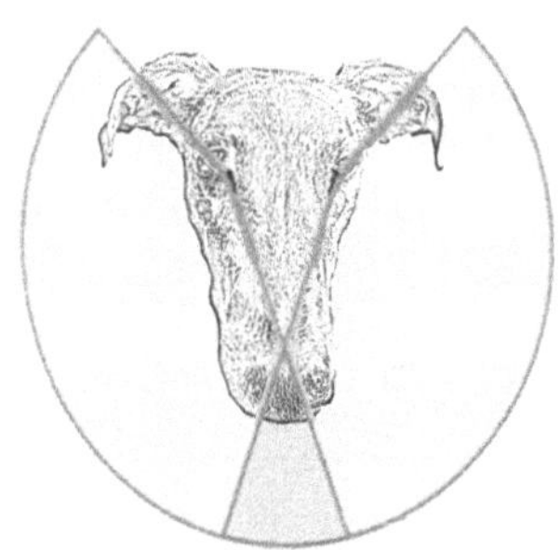

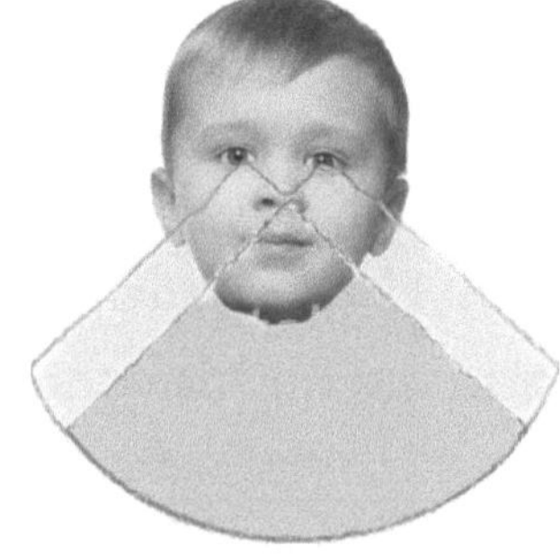

Windhund (lange Schnauze)	**Terrier** (kurze Schnauze)	**Mensch**
270°-Blickfeld – kleines Feld für räumliches Sehen	200°-Blickfeld – großes Feld für räumliches Sehen	195°-Blickfeld – großes Feld für räumliches Sehen

Wie ihr sehen könnt, ist der Bereich des räumlichen Sehens sehr verschieden. Noch wichtiger ist dagegen, dass der Windhund fast einen rundum Blick hat, in den hellen Bereichen kann er noch Bewegungen wahrnehmen. Der Sichtbereich des Terriers ist schon etwas kleiner und der von uns Menschen ist noch weiter eingeschränkt, doch haben wir das größte Feld für das räumliche Sehen.

Aufgabe 3: *Nehmt euch ein Stück Karton und malt einen Kreis mit einem Durchmesser von 50 cm. Schneidet wie bei einem Kuchen ein Stück heraus. Knickt bei den gestrichelten Linien die Pappe. So könnt ihr euch selbst ein Bild machen.*

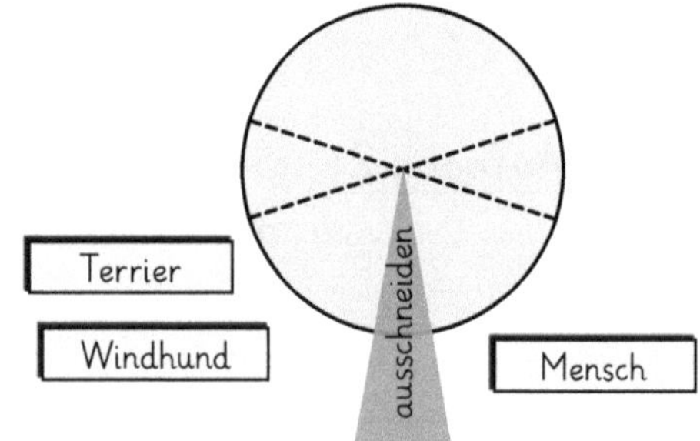

Aufgabe 4: *Verbinde die Blickfelder mit einem Pfeil.*

Die Nase

Der am stärksten ausgeprägte Sinn unserer Vierbeiner ist neben dem Gehör die Nase. Manche Hunderassen können auch noch nach Tagen einer Spur folgen. Oder unter Trümmern nach verschütteten Menschen suchen.

Diese Hunde sind natürlich speziell trainiert und ausgebildet, doch gibt es kaum ein anderes Tier, welches diese Leistung erbringen könnte. In der Natur nutzen die Hunde natürlich ihre Nase, um Wild zu erschnüffeln oder die Markierung anderer Hunde wahrzunehmen. Wenn die Hunde an jeder Ecke schnüffeln, lesen sie sozusagen die „Bildzeitung". Jeder Hund hinterlässt seine Duftmarkierung und die nächsten Hunde erkennen, wer vorher da gewesen ist. Sie können sogar am Duft erkennen, ob der Hund männlich oder weiblich war.

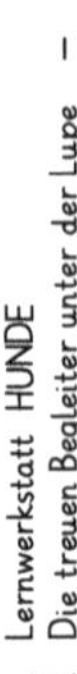
KOHL VERLAG Lernwerkstatt HUNDE Die treuen Begleiter unter der Lupe – Bestell-Nr. 11 966

8. Die Sinne des Hundes

Aufgabe 5: *Das Riechorgan – was gehört wem? Verbinde.*

a) *Hund* | 5 cm² mit 5 Mio. Sinneszellen

b) *Mensch* | 15 cm² mit 150 Mio. Sinneszellen

Die besondere Entwicklung verschiedener Teile des Geruchsorgans ist dafür verantwortlich, dass Hunde ca. eine Million Mal besser riechen als wir Menschen. Ihre Nasenschleimhaut ist ungefähr 30-mal größer und außerdem wird die ganze Nase permanent feucht gehalten, damit auch nicht die kleinste Menge an Duftstoff verloren geht.

Und schließlich ist der Bereich im Gehirn, der beim Hund für das Riechen verantwortlich ist, circa 40-mal größer als beim Menschen. Eine weitere Besonderheit dieses Sinnes besteht im so genannten Jacobson-Organ über der Mundhöhle zur Wahrnehmung der Sexualduftstoffe.

Nimmt ein Mensch die Welt überwiegend in Bildern wahr, so ist die Welt des Hundes von Gerüchen geprägt. Sie helfen ihm, eine Beziehung zur Umwelt herzustellen. Um das zu gewährleisten, richtet ein Hund seine Nase stets so aus, dass er so viele Geruchssignale wie möglich wahrnehmen kann. Durch die Leidenschaft, alles und jeden ständig zu beschnüffeln, wird der Geruchssinn auch gut trainiert. Der Verlust dieser außergewöhnlichen Fähigkeit würde für einen Hund zweifellos die schlimmst mögliche Behinderung darstellen. Abgesehen davon ist dieser Geruchssinn für manche Menschen lebensnotwendig.

Aufgabe 6: *Krankheiten, die Hunde erschnüffeln können. Vervollständige.*

ilepsie – betes – bstumor – bererkrankung – renerkrankung

Dia__________ Le__________ Ep__________

Kre__________ Nie__________

Oft wird sogar berichtet, dass Hunde den Tod eines Menschen vorausahnen oder sogar erschnüffeln können. Dies hat mit den Hormonduftstoffen zu tun, die der Mensch in einer Notsituation absondert. Unsere Hunde können diese für uns Menschen nicht wahrnehmbaren Düfte erkennen und geben meist ein Jaulen oder lautes Bellen von sich.

Aufgabe 7: ***Rebus*** *– Löse das Rätsel.*

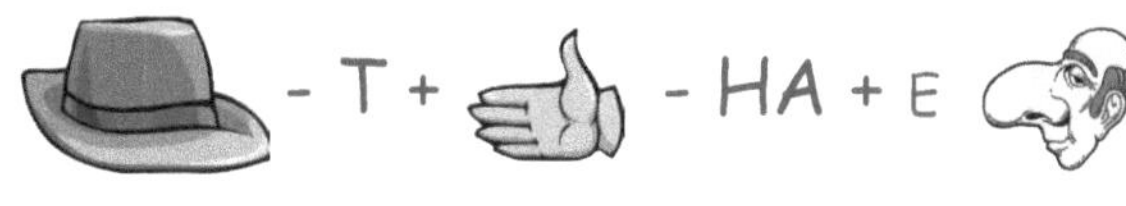

Lösung: ____________________

8. Die Sinne des Hundes

Die Ohren

Uns ____________ ist bekannt, dass der ____Hund____ wesentlich ____________ hört als wir. Wir können beobachten, dass unser Hund die ____________ schon spitzt und aufmerksam wird, obwohl wir noch gar nichts ____________ oder gar sehen. Voll Erstaunen haben wir wahrgenommen, dass unser Hund sogar das ____________ eines heimkehrenden Familienmit-gliedes erkennen kann, während wir nur irgendein Motorengeräusch hören. Bei der ____________ unserer Vierbeiner vergessen wir immer wieder, dass unsere Bellos uns auch hören, wenn wir nicht ____________.

Der Mensch bellt die ____________ trotzdem so laut, dass selbst die übernächsten Nachbarn es hören können, obwohl dies gar nicht nötig wäre. Der Mensch kontrolliert sich ____________ selbst, in lauter Umgebung spricht er lauter, da er selber ____________ hören kann. Doch vergisst der Mensch, dass dies nicht für die Hunde gilt.

Aufgabe 8: *Die verlorenen Worte! Wohin gehören die Begriffe? Setze ein.*

Kommandos – Auto – ~~Hund~~ – Ohren – unbewusst – hören – besser – Menschen – schlechter – schreien – Erziehung

Das Fühlen und Schmecken!

Auf der Zunge des Hundes befinden sich wie bei uns Menschen Papillen, die die Geschmacksknospen beinhalten. Mit der unterhalb der Zunge sitzenden Speicheldrüse zersetzen Hunde die Nahrung in chemische Einzelteile. Da der Hund weit weniger Geschmacksknospen hat als wir Menschen (Mensch 9000 / Hund 1600), kann dieser nur salzig, bitter, sauer und süß unterscheiden. Ebenso hat er Rezeptoren, die auf Fleisch und Wasser reagieren.

Auch durch den Tastsinn erforschen Hunde ihre Umwelt. Dazu gehört der Körperkontakt (wichtig für die emotionale Bindung), Kälte, Wärme und Schmerz. Wenn wir einen Hund streicheln, spürt er dies über Rezeptoren, die unter der Haut sitzen und die Empfindung an das Gehirn weiterleiten. Die Hunde können sogar Fliegen auf den Haaren spüren.

An den Pfoten befinden sich Nerven, die dem Hund signalisieren, auf welchem Untergrund er gerade läuft. Deutlich wird dies, wenn man einen Hund beobachtet, der auf einer glatten Fläche läuft. Die Pfoten leiten das Gefühl an das Gehirn weiter und der Hund fängt an, unsicher zu laufen, weil der Untergrund rutschig ist.

Aufgabe 9: *Beschreibe den Unterschied zwischen Mensch und Hund. Wie/was können wir Menschen im Gegensatz zu Hunden schmecken?*

Lernwerkstatt HUNDE Die treuen Begleiter unter der Lupe – Bestell-Nr. 11 966

8. Die Sinne des Hundes

Ein weiterer besonderer Sinn sind die Schnauzhaare des Hundes, das sind die so genannten Vibrissen. Auch diese geben Informationen über die Umwelt an das Hundehirn weiter. Diese Vibrissen sind dicke, feste Haare, die tief in der Haut verankert sind. Wenn man den Hund beim Spaziergang beobachtet, kann man merken, dass, sobald ein Gegenstand wie ein Mülleimer auftaucht, sich die Schnauzhaare nach vorne richten. Die nach vorne gerichteten Tasthaare leiten die Information in Sekundenschnelle an das Gehirn weiter. Der Hund hält an, weil ihm ein Hindernis signalisiert wird. Dies erklärt, warum auch blinde Hunde nicht immer mit einem Gegenstand kollidieren, sondern frühzeitig abbremsen. Um das Hindernis zu erspüren, streifen zuerst die Tasthaare darüber und erkunden somit die Beschaffenheit und Oberfläche des Gegenstandes.

Aufgabe 10: *Löse das Rätsel.*

Wichtigster Sinn der Hunde?

Welcher Hund hat den weitesten Blick?

Was können Hunde besonders gut?

Wie heißen die Geschmacksknospen?

Nenne eine Krankheit, die Hunde riechen können.

Womit fühlen Hunde?

Wie heißen die dicken Haare im Gesicht?

Welcher Name hat das besondere Organ in der Nase des Hundes?

Was sind Vibrissen?

Wie sind die Sinne des Hundes?

Lösungswort:

(Tipp: Eine Hunderasse)

KOHL VERLAG Lernwerkstatt HUNDE Die treuen Begleiter unter der Lupe – Bestell-Nr. 11 966

9. Hunde richtig verstehen

Verstehst du „Hundisch"?

Aufmerksam
Unterwerfung
Aggression
Spielfreude

EA **Aufgabe 1:** *Die Hunde können uns anhand ihrer Körpersprache mitteilen, wie sie sich fühlen. Kannst du es erkennen? Beschreibe bei den folgenden Bildern den Gesichtsausdruck, die Stellung der Ohren, die Körper- und Rutenhaltung*. Dann versuche herauszufinden, in welcher Stimmung die Hunde sind. (*Rute = Schwanz)*

Beschreibung: ______________________________

____

____

Stimmung: ______________________________

____

Beschreibung: ______________________________

____

____

Stimmung: ______________________________

____

Beschreibung: ______________________________

____

____

Stimmung: ______________________________

____

Beschreibung: ______________________________

____

____

Stimmung: ______________________________

____

KOHL VERLAG Lernen mit Erfolg
Lernwerkstatt HUNDE
Die treuen Begleiter unter der Lupe – Bestell-Nr. 11 966

10. Bedürfnisse der Hunde!

Mein Hund – mein Freund!

Viele von euch träumen von einem eigenen Hund. Für manche von euch hat sich der Traum bereits erfüllt. Doch denkt ihr auch daran, dass der Hund eine eigene Persönlichkeit hat? Er hat eigene Bedürfnisse, Eigenarten und Verhaltensweisen. Wenn man die wichtigsten Dinge beachtet, ist eine Partnerschaft fürs Leben geschlossen.

Aufgabe 1: *Sucht bitte für die aufgeführten Bedürfnisse die passenden Erfüllungen heraus. (Manche passen bei verschiedenen Bedürfnissen.)*

a) **Grundbedürfnisse:** ______________________________

____

____

b) **Soziale Bedürfnisse:** ______________________________

____

____

c) **Geborgenheit:** ______________________________

____

____

d) **Sicherheit:** ______________________________

____

____

e) **Persönliche Entfaltung:** ______________________________

____

____

Futter	Schlaf	Bezugsperson	Gassi gehen	Pflege
Liebe	Wasser	Gehorsam	Jagd	Gesellschaft
Regeln	Familie	Bewegung	Rückzugsort	Schlafplatz
Spiel	Medizin	Spielgefährten	Respekt	andere Hunde
Ruhe	Achtung	Geborgenheit	Körperkontakt	feste Tagesabläufe
Freiraum	Lob	freie Entfaltung	Lebenssicherheit	Selbstverwirklichung

Aufgabe 2:

a) Wie oft glaubst du, dass ein Hund Gassi gehen sollte?
b) Wie oft sollte man einen Hund füttern?
c) Wie lange schlafen Hunde am Tag? Schätze.

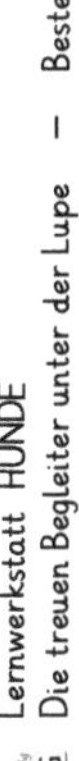

Lernwerkstatt HUNDE
Die treuen Begleiter unter der Lupe – Bestell-Nr. 11 966
KOHL VERLAG

11. Eigenarten der Hunde!

Andere Hunde – andere Eigenarten!

Da unsere vierbeinigen Freunde so verschieden sind, haben diese auch die unterschiedlichsten Eigenarten. Eigenarten sind Verhaltensweisen, persönliche Merkmale und rasseabhängige Manieren, die den jeweiligen Hund ausmachen.

Aufgabe 1: *Lies die sechs Steckbriefe und erstelle einen Steckbrief zu einem Hund deiner Wahl. Achte dabei auf dessen Eigenheiten.*

Bonjour. Mein Name ist Charly!

Ich bin eine Französische Bulldogge. Ich werde bis zu 35 cm groß und kann bis zu 15 Kilo wiegen, außerdem werde ich bei guter Pflege bis zu 12 Jahre alt. Mein Fell kann die verschiedensten Farben haben.

Obwohl ich klein bin, habe ich ordentliche Muskelpakete. Ich bin zwar total niedlich, aber eben eine Bulldogge. Wir Bulldoggen geben nicht so schnell auf und versuchen unseren Kopf durchzusetzen. Wenn wir etwas in unserem Maul festhalten, lassen wir es nicht so einfach wieder los. Deshalb will mit uns gute Erziehung gelernt sein. Unseren Menschen gegenüber sind wir verschmust, ergeben und total verspielt. Wir sind gern bei einer großen Familie mit Kindern und haben nicht ganz so große Ansprüche. Da wir so an unseren Menschen hängen, fällt es uns schwer, alleine zu bleiben. Heutzutage sind wir einfach nur die treuen Begleiter unserer Menschen. Jedoch wurden wir früher zu unserer Entstehungszeit im 19. Jahrhundert auch als Jagdhunde genutzt. Wir kamen mit den englischen Webern und Spitzenmachern nach Frankreich und wurden dort weiter gezüchtet und später als eigene Rasse anerkannt.

Darf ich mich vorstellen? Ich bin Lilly!

Ich bin ein Chihuahua (lies: tschiwawa). Ich bleibe bis zu 23 cm klein und wiege nur bis zu 3 Kilo. Ich Leichtgewicht kann bis zu 18 Jahre alt werden. Mein Fell kann kurz oder auch wie bei mir langhaarig sein. Ich gehöre zur kleinsten Hunderasse der Welt.

Ich bin zwar der kleinste Hund der Welt, doch mein Herz ist mutig. Obwohl man mich fast übersehen kann bin ich ein großer Wächter und habe auch keine Angst, meine Zähne zu benutzen. Meine Stimme lasse ich gerne und bei jeder möglichen Gelegenheit erklingen. Topfit bin ich und vor Quirligkeit und Spieldrang kaum zu bremsen. Es gehört schon eine Menge Erziehung dazu, mich lieb und gehorsam zu machen. Aber dann bin ich der Liebling aller. So klein wie ich bin, ist es mit kleinen Kindern nicht ganz so toll; wenn die beherzt zugreifen, kann mir das ganz schön weh tun. Ich bin nicht nur der kleinste, sondern auch eine der ältesten Hunderassen der Welt. Ich durfte schon im 14. Jahrhundert bei aztekischen Prinzessinnen Schoßhund sein. Auch heute noch bin ich eher der Schoßhund. Leider vergessen die Menschen oft, dass ich ein echter Hund und kein modisches Beiwerk bin.

KOHL VERLAG Lernwerkstatt HUNDE Die treuen Begleiter unter der Lupe – Bestell-Nr. 11 966

11. Eigenarten der Hunde!

Schönen Tag auch, mein Name ist Ben!

Ich wurde als Großwildjagdhund um das 16. Jahrhundert erstmalig in Deutschland geboren. Wir als „Deutsche Doggen" bezeichneten Hunde werden leider nur höchstens 10 Jahre alt, aber dafür bis zu 90 cm groß und bis zu 80 Kilo schwer. Unser Fell ist kurz und kann verschiedene Farben haben. Obwohl man uns die sanften Riesen nennt, sind wir dennoch schnell und wendig. Wir haben ein ruhiges Gemüt und auch wenn wir so furchterregend aussehen, sind wir kinderlieb und folgsam. Wenn man uns einmal in sein Leben gelassen hat, will man uns nicht mehr missen. Unser liebevolles und anhängliches Wesen macht uns zu einem Familienhund. Wir sind fast durch nichts aus der Ruhe zu bringen und vertragen uns auch mit anderen Hunden. Natürlich sollten wir gut erzogen werden, denn sonst können wir ganz schöne Raufbolde sein. Bei unserer Größe kann dies schon mal zu Problemen führen.

Grüezi mitenand, hier ist Luka!

Wenn der vor mir behauptet, einer der größten zu sein, solltet ihr mich mal sehen. Wir Bernhardiner sind nicht nur groß und stark, sondern auch noch Lebensretter. Die Größe von 90 cm schaffen wir auch, nur sind wir noch viel schwerer. Wir können bis zu 120 Kilo wiegen. Leider werden wir auch nur bis zu 10 Jahre alt und das schaffen auch nur die wenigsten von uns. Ursprünglich stamme ich aus der Schweiz, einem schönen Land mit Bergen. Daher ist es auch eine Lebensaufgabe von mir, Menschen, die im Schnee in Not geraten sind, zu retten. Unser Name stammt aus der Gegend, wo wir gezüchtet wurden, dem großen Sankt Bernhard. Wir sind von Natur aus sehr ruhig, gemächlich, anhänglich und sensibel. Wir gehen mit unseren Menschen sehr sanftmütig um. Wir brauchen unsere Familie und sind auch gegenüber Fremden sehr ausgeglichen. Wenn es darauf ankommt, beschützen wir unsere Lieben mit aller Macht. Natürlich haben wir auch einen klitzekleinen Dickkopf und können sehr stur sein. Doch das machen wir durch unsere gute Nase und die Ausdauer wett.

Ich bin Rex!

Als Malinois gehöre ich zu der Rasse der Schäferhunde. Ich stamme aus Belgien und werde bis zu 66 cm groß. Mein Fell ist entweder hell oder dunkelbraun und ich kann bis zu 28 Kilo schwer werden. Seit dem 13. Jahrhundert bewache und schütze ich meine Herren. Ich war fast ausgestorben, doch Ende des letzten Jahrhunderts wurde meine Rasse neu entdeckt und wiederbelebt.

Unsere Menschen sagen von uns, dass wir sehr gehorsam und treu sind. Doch sind wir keine einfachen Gesellen, wir brauchen Menschen, die sich mit uns auskennen und unsere Art verstehen. Unser Beschützerinstinkt ist sehr groß. Wir sind freundlich und fleißig. Konzentriertes Arbeiten liegt uns. Oft sind wir selbstbewusst, aktiv und reaktionsschnell. Die Polizei, der Wachschutz, das Militär und auch der Zoll haben uns auf der Gehaltsliste stehen. Wir unterstützen und beschützen unsere Dienstherren. Wenn wir unsere Ausbildung abgeschlossen haben, können wir mit unseren feinen Nasen verbotene Dinge, Gegenstände und sogar Menschen aufspüren.

KOHL VERLAG Lernen mit Erfolg
Lernwerkstatt HUNDE
Die treuen Begleiter unter der Lupe – Bestell-Nr. 11 966

11. Eigenarten der Hunde!

Good morning, ich bin Nora!

Als Border-Collie stamme ich ursprünglich aus England. Ich werde bis zu 54 cm groß und wiege dabei nur etwa 20 Kilo. Mein Fell ist mittellang und flauschig. Meist ist es schwarz und weiß, aber es kann auch braun oder sogar dreifarbig sein. Bis zu 18 Jahre alt kann ich werden und mein Hauptberuf ist das Schafe hüten.

Seit dem 18. Jahrhundert helfe ich meinen Menschen, seine Schafherden zusammenzuhalten und deren Haus und Hof zu bewachen. Die Hunde meiner Rasse sind verspielt, sehr intelligent und aktiv. Wenn wir nicht arbeiten können, sind wir nicht wirklich glücklich. Dabei ist es uns egal, ob wir Schafe hüten oder anderen Tätigkeiten nachgehen. Da wir sehr flink und wendig sind, machen viele Menschen mit uns Sport, Agility oder sogar Hundetanz (Dog-Dancing). Im Haus sind wir aufmerksam und wachsam. Dabei bin ich ein sehr sanftes Wesen und verstehe meine Menschen auf den kleinsten Wink. Egal ob ich als Spielkamerad für die Kinderbelustigung sorge oder einfach nur ein wenig mit zum Joggen gehe. Ich achte irgendwie immer darauf, dass alle schön beisammenbleiben. Problematisch wird es mit mir nur, wenn ich keine Aufgabe habe, dann bin ich nicht ausgelastet und es kann passieren, dass ich mir eventuell eine Aufgabe suche, die aber den Menschen nicht immer gefällt.

Aufgabe 2: *Ordne jedem der sechs vorgestellten Hunde vier Aussagen zu.*

will immer den Kopf durchsetzen	hält etwas im Maul fest und lässt es nicht wieder los	wird bis zu 80 kg schwer
ordentliche Muskelpakete	nicht modisches Beiwerk, sondern ein echter Hund	großer Beschützerinstinkt
kann ohne Erziehung ganz schöner Raufbold werden	im Dienst von Polizei, Wachschutz, Militär und Zoll	sehr verspielt, intelligent und aktiv
seit dem 13. Jhd. als Wach- und Schutzhund eingesetzt	ohne Aufgaben nicht ausgelastet	im 14 Jhd. Schoßhund bei aztekischen Prinzessinnen
gehört zur kleinsten Hunderasse der Welt	bis zu 120 kg schwer	im 19. Jhd. auch als Jagdhund genutzt
Stimme erklingt bei jeder möglichen Gelegenheit	stammt aus Sankt Bernhard in der Schweiz	um das 16. Jhd. als Großwildjagdhund erstmalig in Deutschland geboren
gut geeignet für Sport, Agility oder Dog-Dancing	ruhiges Gemüt, Familienhund	Lebensretter im Schnee
Hauptberuf ist das Schafe hüten	ruhig, sanftmütig, gemächlich und sensibel	feine Nase spürt verbotene Dinge, Gegenstände und sogar Menschen auf

Lernwerkstatt HUNDE
Die treuen Begleiter unter der Lupe – Bestell-Nr. 11 966
KOHL VERLAG

12. Keine Rechnung ohne Hund

Ein Hund kostet viel Geld!

Aufgabe 1: *Hundemathematik – Löse die Aufgaben.*

a) Der Hund frisst täglich für 2 Euro Futter.

Frage:

Wie teuer ist die Futterration für eine ganze Woche?
Was kostet das Futter für einen Monat? (30 Tage)
Wie viel kostet das Futter für 1 Jahr? (365 Tage)

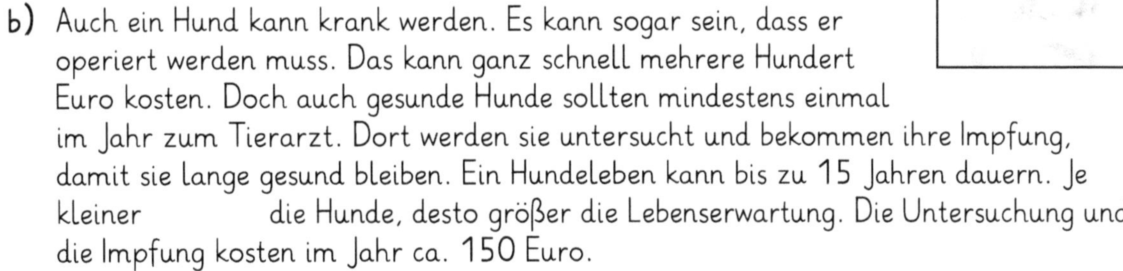

b) Auch ein Hund kann krank werden. Es kann sogar sein, dass er operiert werden muss. Das kann ganz schnell mehrere Hundert Euro kosten. Doch auch gesunde Hunde sollten mindestens einmal im Jahr zum Tierarzt. Dort werden sie untersucht und bekommen ihre Impfung, damit sie lange gesund bleiben. Ein Hundeleben kann bis zu 15 Jahren dauern. Je kleiner die Hunde, desto größer die Lebenserwartung. Die Untersuchung und die Impfung kosten im Jahr ca. 150 Euro.

Frage: *Wie hoch sind die Tierarztkosten für ein ganzes Hundeleben?*

c) Unsere vierbeinigen Freunde müssen haftpflichtversichert werden. Die Versicherung kostet ca. 70 Euro im Jahr.

Frage: *Was kostet die Haftpflichtversicherung für ein Hundeleben?*

Was ist eine Haftpflichtversicherung? Sie ist sehr wichtig, denn sollte durch den Hund zum Beispiel ein Verkehrsunfall passieren, kann es sehr schnell sehr teuer werden. Der Besitzer des Hundes haftet für den entstandenen Schaden. Bei einem Auto ist man ganz schnell bei Tausenden von Euros. Damit man dies nicht selber zahlen muss, gibt es die Haftpflichtversicherung.

d) Ein Hund muss bei der Stadt angemeldet werden. Die Stadt bekommt dafür jährlich Hundesteuer. Wie teuer die ist, hängt davon ab, wo man wohnt. Dies kann zwischen 25 Euro und 190 Euro kosten. So genannte Listenhunde kosten sogar bis zu 1000 Euro Steuer im Jahr.

Fragen:

Wie teuer ist die Hundesteuer in 15 Jahren am günstigsten Wohnort?

Was kostet die Hundesteuer bei einem Pit-Bull (Listenhund) in 15 Jahren?

e) Ihr bekommt zum Geburtstag einen Pudel geschenkt. Der Welpe wächst heran und wird 12 Jahre alt.

Frage: *Wie teuer ist der Hund im günstigsten Fall?*
Hinweis: Denke daran, Futter, Tierarzt, Versicherung und Steuern!
Abgesehen davon braucht der Hund natürlich einige weitere Dinge wie zum Beispiel ein Körbchen, Spielzeug, Hundeschule oder Hundesportverein und vieles mehr. Und die Anschaffung des Hundes kostet natürlich auch noch Geld.

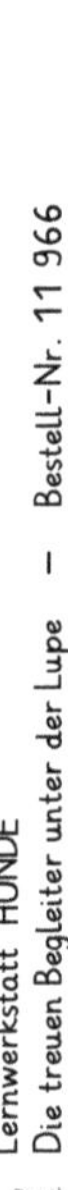

13. Arbeitshunde und Co. – Dienst- & Schutzhunde

Tierische Staatsbeamte

Der Hund kann nicht nur ein treuer Begleiter und Freund sein. Er dient oft speziell für hoheitliche Aufgabenbereiche. Beim Zoll, der Polizei sowie auch beim Militär werden weltweit Hunde für ganz besondere Aufgaben trainiert und im Dienst eingesetzt.

Schon im 12. Jahrhundert wurden Hunde als eine Art Polizeihund eigesetzt. In der französischen Hafenstadt Saint-Malo patroullierte nachts ein Hund mit seinem Herrn. Die Stadtwächter setzten nachts ihre Hunde als Unterstützung ein. In England wurden Polizeihunde bereits 1816 zum Aufspüren von Alkoholschmugglern eingesetzt. Bei uns in Deutschland wurden Hunde erst um 1900 zum Dienst eingesetzt. Als 1902 eine Dogge die neugierigen Menschen von einem Großbrand fernhielt damit sie nicht verletzt wurden, war das Polizeihundewesen geboren.

Die Bereiche, in denen Hunde die Menschen beim Dienst unterstützen, sind in zwei Hauptaufgaben geteilt:

Schutzhund

Spürhund

Aufgabe 1: *Was muss der Diensthund erschnüffeln können? Nenne drei Beispiele.*

Wie ihr unschwer erkennen könnt, haben die Aufgaben viel mit dem Aufspüren zu tun. Dazu benötigen die Hunde eine sehr gute Nase, sie müssen natürlich auf den Menschen ohne Zögern hören und sich unterordnen. Für ihren Dienst ist deshalb der Schutztrieb sehr wichtig.

Es gibt sogar Vorschriften, welche Hunderassen in Deutschland als Diensthunde zugelassen sind:

Airdale-Terrier	Belgischer Schäferhund	Bouvier des Flandres
Deutscher Schäferhund	Deutscher Boxer	Dobermann
Rottweiler	Hollandse Herdershond	Hovawart
Riesenschnautzer		

Aufgabe 2: *Sucht euch aus den oben genannten Hunderassen eine aus und erstellt dem Diensthund einen Ausweis mit allen wichtigen Angaben und einem Bild.*

14. Arbeitshunde und Co. – Rettungshunde

Retter in der Not

Fast jeder Hund kann ein Rettungshund werden. Solange er nicht zu klein oder zu groß ist.

Die Rettungshunde werden wegen ihres ausgeprägten Geruchssinns spielerisch auf ihre Aufgaben vorbereitet. Die Ausbildung ist je nach Einsatzart sehr aufwendig und erfordert viel Zeit.

Zuerst müssen Hund und Halter eine Grundausbildung ablegen. Folgende Schwerpunkte müssen beide mit Können meistern.

Aufgabe 1: *Ordne die Aufgaben richtig zu.*

Mensch/Halter	Rettungshund

Geländegängigkeit — Teamgeist — Kondition — Ausgeglichenheit
Erste Hilfe an Menschen und Hund — Sucharbeit — Sprechfunkverkehr
Gehorsamsarbeit — Organisation — Einsatztaktik — Lagebeurteilung
Einsatzbereitschaft — Sanitätsausbildung — Anzeigeübungen — Suchtechnik
Einsatzsicherheit — Gerätearbeit — Trümmerkunde — Bergung
Karten- und Kompasskunde

Ebenso müssen die Hundehalter ihr Grundwissen über die Lehre der Rassen, Zucht, Pflege, Verhalten, Erziehung und Krankheiten der Haushunde beweisen.

Danach müssen beide 6 Monate lang nachweisen, dass Sie ihre Aufgaben gelernt und auch vertieft haben, damit sie sich einer Rettungshundestaffel anschließen können. Erst wenn das Team „Hund und Mensch" die Aufgaben erfüllt hat, können sie ihre Prüfung ablegen und der gewünschten Einheit beitreten.

Nach der Grundausbildung beginnt dann für beide die Weiterbildung für die möglichen Aufgabengebiete:

Flächensuche — **Trümmersuche** — **Lawinensuche**
Wasserrettung — **Mantrailing** — **Wasserortung**
Leichensuche

Jede der aufgeführten Aufgabengebiete hat ihre eigenen Schwerpunkte. Die Einheit Hund-Mensch lernt und probt weiter, so dass jeder bei einem Einsatz genau weiß, was zu tun ist.

Aufgabe 2: *Bildet kleine Gruppen und sucht euch eins der Aufgabengebiete aus. Versucht alles über das Gebiet herauszufinden und gestaltet gemeinsam ein Plakat darüber. Sucht Fotos oder malt eigene Bilder.*

KOHL VERLAG Lernwerkstatt HUNDE Die treuen Begleiter unter der Lupe – Bestell-Nr. 11 966

15. Arbeitshunde und Co. – Assistenzhunde

Lebenspartner auf 4 Pfoten!

Viele behinderte Menschen sind auf Hilfe angewiesen, um die täglichen Dinge des Lebens zu regeln. Hierfür gibt es eigens ausgebildete Hunde.

Diese Hunde werden Assistenzhunde oder auch Servicehunde genannt. Die bekannteste Form ist der Blindenhund. Daneben gibt es die Signalhunde, Diabetikerwarnhunde und die Epilepsiehunde. Sowie Hunde, die kombinierte Hilfestellungen geben können.

EA **Aufgabe 1:**

a) *Wie nennt man diese beiden Hunde?*
b) *Wie nennt man den linken Hund?*
c) *Wie nennt man den rechten Hund?*

Nur ganz liebe Hunde, die niemals aggressiv werden, können für die Ausbildung ausgesucht werden. Dies geschieht schon im Welpenalter. Die Trainer suchen die Hunde nach Kriterien wie Friedfertigkeit, Intelligenz, Wesensstärke und Nervenstärke aus. Danach kommen die Hunde in eine geschulte Patenfamilie. Dort lernen die Welpen, wie man sich sozial verhält. Im ersten Jahr werden die Junghunde mit den verschiedensten Ereignissen und Situationen konfrontiert. Hierbei wird immer wieder Wert darauf gelegt, dass die Hunde nervenstark sind. Sie müssen sich immer zum Wohl des Menschen verhalten. Jagdtrieb, Ängstlichkeit und Aggression sind nicht gewollt.

Aufgabe 2: ***Rebus*** *– Löst das Bilderrätsel gemeinsam.*

Lösung: ____________________

Folgende Rassen werden gern als Assistenzhunde ausgebildet:

- Königspudel
- Deutscher Schäferhund
- Golden Retriever
- Riesenschnauzer
- Labrador Retriever und

Drei von den genannten Rassen kannst du auf dieser Seite finden.

Aufgabe 3: *Im mittleren Bild siehst du einen Hund, der sich noch in Ausbildung befindet. Welcher Rasse gehört dieser Hund an?*

KOHL VERLAG Lernwerkstatt HUNDE Die treuen Begleiter unter der Lupe – Bestell-Nr. 11 966

16. Arbeitshunde und Co. – Jagdhunde

Die idealen Jagdgefährten!

Schon seit Urzeiten werden Hunde als Jagdhelfer eingesetzt. Das hat sich bis zur heutigen Zeit nicht geändert. Zum Teil ist es in Deutschland sogar dem Jäger vorgeschrieben, einen „gebrauchsfähigen Jagdhund" zu führen. Dabei geht es hauptsächlich darum, dass das erlegte Wild nicht unnötig leiden muss.

Die verschiedenen Einsatzgebiete der Jagdgebrauchshunde sind historisch bedingt und werden im heutigen Jagdwesen so eingeteilt:

Stöberhunde

Vorstehhunde

Erdhunde

Schweißhunde

Jagende Hunde

Apportierhunde

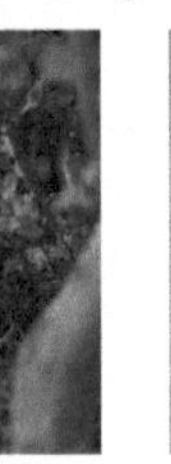

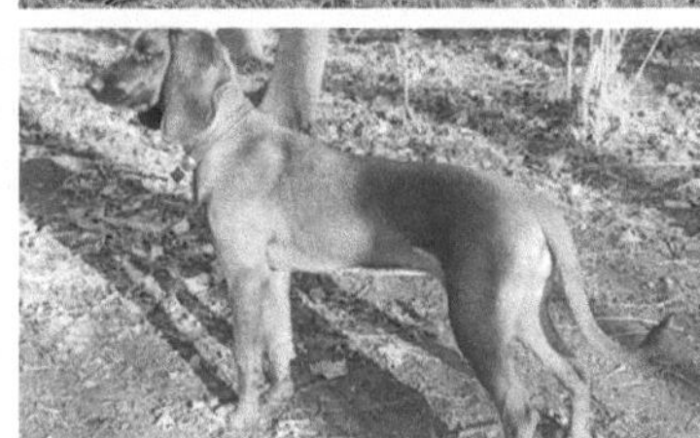

Aufgabe 1: *Finde heraus zu welchem Hund die jeweiligen Einsatzgebiete gehören.*

Die jagdlich geführten Hunde und Halter müssen vor dem Verband für Jagdgebrauchshunde eine Prüfung ablegen. Dazu zählt neben ganz viel Lernarbeit für den Hundehalter auch Training und Übung für den Hund. Auch hier gehört unbedingter Gehorsam zur Grundbedingung. Danach erfolgt die Spezialisierung der Einsatzbereiche wie Wald, offenes Feld, Schweißarbeit, Wasser, unter der Erde und Hetz- und Meutejagd. Hierbei kommt es bei den Hunden auf den Instinkt an. Die verschiedenen Rassen haben verschiedene Vorteile für die Jagd.

Aufgabe 2: *Welche Jagdhunderassen kennst du? Nenne drei, beschreibe ihre Einsatzgebiete und füge ein Bild dazu.*

Warum wird immer noch gejagt? Um zu __________ und zu überleben jagt der Mensch schon seit der Steinzeit. Heute ist dies nicht mehr notwendig. Unser Essen können wir bequem im nächsten __________ einkaufen. Da die Menschen jedoch die natürlichen __________ unserer Wildtiere ausgerottet haben, ist er auch dafür verantwortlich, dass das __________ Gleichgewicht wieder hergestellt wird. Bei der __________ geht es nicht automatisch nur um das Töten von __________, sondern darum, den Bestand der verschiedensten Tierarten zu __________. Die Menschen haben dazugelernt und ihnen ist es heute sehr __________, dass die Artenvielfalt unserer __________ erhalten bleibt. "__________ und Pflege" ist mit der wichtigste Punkt der Jagdausbildung.

Aufgabe 3: *Setze die Wörter an den richtigen Platz! Schreibe die Lösung ins Heft.*

Wildtiere – Supermarkt – Jagd – Tieren – essen – Hege – schützen – wichtig – Feinde – biologische

KOHL VERLAG Lernwerkstatt HUNDE Die treuen Begleiter unter der Lupe – Bestell-Nr. 11 966

17. Hundesport!

Sport ist kein Mord!

Wie wir bereits gelernt haben, sind die Hunde von Natur aus Jäger. Doch dürfen sie nicht jagen, außer sie sind ausgebildete Jagdgebrauchshunde. Somit müssen wir unseren vierbeinigen Partnern einen Ausgleich schaffen, damit auch sie sich ausleben können. Nur die wenigsten Rassen sind nicht sportlich begabt und wollen nur ihre Ruhe haben. In den vergangenen Jahrzehnten haben sich viele Hundesportarten entwickelt. Wobei in den meisten Fällen darauf Wert gelegt wird, dass die natürlichen Instinkte der Tiere berücksichtigt werden.

Aufgabe 1: *Warum ist es so wichtig, dass Hunde eine sinnvolle Beschäftigung wie zum Beispiel einen Hundesport angeboten bekommen?*

Aber auch hier gilt es: „Erst lernen, dann leisten". Der Einstieg in den Hundesport erfolgt meist über die Begleithundeprüfung. Diese ist Voraussetzung für viele gemeinsame Sportarten. Da die meisten Hundesportarten aus dem englischsprachigen Raum stammen, haben diese auch „englische" Bezeichnungen.

Aufgabe 2: *Lies die Beschreibung der Hundesportart und ordne die Bilder den jeweiligen Sportarten zu. Schreibe hierzu den Buchstaben in den Kreis.*

Agility Diese Sportart stammt ursprünglich aus England. Hier ist es wichtig, dass der Hund eine Hindernisstrecke fehlerfrei bewältigt. Hierbei wird der Hund vom Hundeführer geleitet. Die Strecke kann bis zu 20 Hindernisse beinhalten. Der Hund läuft jedoch ohne Leine und wird nur durch Zeichen oder Stimme gelenkt.

Lernwerkstatt HUNDE Die treuen Begleiter unter der Lupe – Bestell-Nr. 11 966
KOHL VERLAG

17. Hundesport!

Dogdancing Die in den USA entwickelte Sportart basiert auf Übungen aus dem Grundgehorsam. Hier ist das Zusammenspiel zwischen Hund und Mensch sehr wichtig. Der Hund wird durch kleinste Körpersignale und Kommandos gelenkt. Diese Übungen werden mit Musik untermalt und sehen so aus, als ob der Hund mit dem Menschen tanzt.

Canicross Dies ist ein Geländelauf, bei dem der Sportler mit einem Hund durch eine flexible Leine verbunden ist. Hier wird der Läufer durch den Hund gezogen. Die beiden müssen eine bestimmte Strecke am schnellsten bewältigen, damit sie siegen. Dabei können sie Geschwindigkeiten von bis zu 30 km pro Stunde erreichen.

Flyball Diese Teamsportart besteht aus vier Gruppen, zu der jeweils ein Mensch und ein Hund gehört. Beim Flyball müssen die Hunde vier in einer Reihe aufgestellte Hürden überspringen und am Ende eine Box betätigen, die einen Ball auslöst. Die Hunde müssen den Ball fangen und über die Hürden zurück zum Hundeführer laufen. Es spielen immer zwei Mannschaften gegeneinander und natürlich gewinnt hier der schnellste. Jedoch zählt es dabei nur, wenn die Hindernisse nicht ausgelassen werden. Diese Sportart fand ihren Weg über Amerika und England nach Deutschland.

Treibball Bei dieser in den Niederlanden entwickelten Hundesportart ist es wichtig, dass der Hund alle Bälle in einem Tor unterbringt und sich nach Abschluss der Übung seitlich vom Tor ablegt. Dabei handelt es sich nicht um Fußbälle, sondern um verschieden große Gymnastikbälle. Der Hund muss diese mit der Schnauze und dem Körper so schnell wie möglich in das Tor bugsieren. Er erhält von seinem Hundeführer dazu Handsignale und Stimmhilfen.

Turnierhundesport Ein Vierkampf von Hund und Mensch als Team. Die Partner müssen gemeinsam jeweils die Gehorsamsübung, den Hürdenlauf, einen Slalom und einen Hindernislauf bewältigen. Diese Sportart wird auch als Leichtathletik mit Hund bezeichnet.

Das allerwichtigste bei allen Sport- und Freizeitbeschäftigungen mit unseren Hunden ist die Freude und der Spaß. Der Zusammenhalt als Team kräftigt das Verhältnis zu unseren Tieren.

Eine Sportart habe ich jedoch noch nicht aufgeführt. Diese ist jeweils ein Einzelerfolg des Hundes. Bei dieser Sportart werden Geschwindigkeiten von bis zu 80 Kilometer pro Stunde erreicht.

Aufgabe 3: *Wer kennt die Hundesportart, die um letzten Absatz beschrieben wird? Überlegt gemeinsam.*

Lernwerkstatt HUNDE Die treuen Begleiter unter der Lupe – Bestell-Nr. 11 966
KOHL VERLAG

18. Hunderassen im Mix!

Die richtige Mischung macht's!

Neben den in den Richtlinien für Hundezucht anerkannten Hunderassen (ca. 390 verschiedene Rassen) gibt es schätzungsweise weltweit ca. 800 verschiede Hunderassen. Diese können jedoch im jeweiligen Land eine andere Bezeichnung haben.

Von den Zuchthunden, die reinblütig sind (das heißt, sie dürfen immer nur mit der gleichen Rasse verpaart werden), mal abgesehen, gibt es natürlich noch eine Vielfalt an Mischlingshunden. Manchmal kann man die Rassen erkennen, die enthalten sind. Doch oft ist ein Mischling mit einem anderen Mischling verpaart, dann ist es schwer zu erkennen, welche Rassen in ihm stecken. Das macht die Hunde nicht schlechter, sondern eher widerstandsfähiger. Oft sind es die Mischlinge, die ein hohes Alter erreichen und dabei oftmals gesund und munter bleiben. Niedlich sind sie alle.

Aufgabe 1: *Wie nennt man Mischlingshunde scherzhaft noch?*

Aufgabe 2: *Suche dir einen der Hunde aus. Gib ihm einen Namen und schreibeeine Geschichte über ihn. Lass dabei deiner Fantasie freien Lauf.*

Aufgabe 3: *Welche Rassen stecken wohl in den Hunden aus Aufgabe 1? Versucht es herauszufinden. Gern gebe ich euch ein paar Hundrassen vor. Aber Vorsicht, es sind auch falsche dabei.*

Boxer	Schäferhund	Collie	Bretone
Spitz	Pudel	Labrador	Schnauzer
Terrier	Bulldogge	Whippet	Husky
Mops	Jack Russel	Dackel	

KOHL VERLAG Lernwerkstatt HUNDE Die treuen Begleiter unter der Lupe – Bestell-Nr. 11 966

19. Mein bester Freund auf vier Pfoten

Mein Hund

Aufgabe 1: *Beschreibe den Hund, den du dir wünschst oder den du vielleicht schon hast. Erkläre dabei mit eigenen Worten die Vorzüge und Nachteile deines Hundes. Gerne kannst du auch ein Bild dazu malen oder ein Foto deines Hundes einkleben.*

Name: ________________

Größe: ________________

Gewicht: ________________

Alter: ________________

Fell: ________________

Herkunft: ________________

FOTO

Eigenarten: ________________

Vorteile: ________________

Nachteile: ________________

Male ein Bild von deinem Hund und klebe das hier ein.

KOHL VERLAG Lernwerkstatt HUNDE Die treuen Begleiter unter der Lupe – Bestell-Nr. 11 966

20. Welcher Hund ist der richtige?

Augen auf beim Hundekauf!

Oh ist der süß, den möchte ich gerne haben. Bitte, bitte! Schau doch mal diese Augen!

So schnell kann es gehen. Doch ist das auch der richtige Hund? Dies merkt man meistens erst später. Besonders, wenn man sich nicht vorher überlegt, was einem an dem vierbeinigen Partner wichtig ist. Leider landen viel zu oft diese Hunde in den Tierheimen. Werden ausgesetzt oder noch viel schlimmer, werden einfach weggeworfen. Wir Menschen machen manchmal Fehler. Und oft haben diese Fehler schlimme Folgen. Doch wer sich genau darüber informiert, welcher Hund zu einem passt, findet einen Freund, der das Leben bereichert.

<u>Aufgabe 1</u>: *Was ist wichtiger beim Hundekauf? Kreuze an.*

- o Allein das Aussehen ist entscheidend.
- o Der Hund darf nicht viel kosten!
- o Der Hund muss in allen Bereichen zur Familie passen!

Wichtige Fragen, die man sich vor der Anschaffung eines Hundes stellen sollte!

- √ Darf ich überhaupt einen Hund in der Wohnung halten?
- √ Haben wir genug Geld, um uns einen Hund leisten zu können?
- √ Will ich mich die nächsten ca. 15 Jahre um einen Hund kümmern?
- √ Habe ich genügend Zeit für einen Hund?
- √ Will ich alles lernen, um dem Hund gerecht zu werden?
- √ Bin ich bereit, den Hund in gesunden wie in eventuell kranken Zeiten zu begleiten?
- √ Wie groß darf der Hund werden?
- √ Wieviel Ausdauer und Aktivität darf der Hund haben?

Eine Menge Fragen. Die sind jedoch für die Anschaffung eines Hundes sehr wichtig. Denn wenn wir uns ein Tier anschaffen, dann sind wir auch dafür verantwortlich. Zum Schluss ist es eine Entscheidung, die alle in der Familie betrifft.

<u>Aufgabe 2</u>: ***Rebus*** *– Löse das Rätsel.*

Lösung: ______________________

21. Rätselecke und Spielespaß!

Aufgabe 1:

Was für ein Tier versteckt sich hier?

Lösung:

____

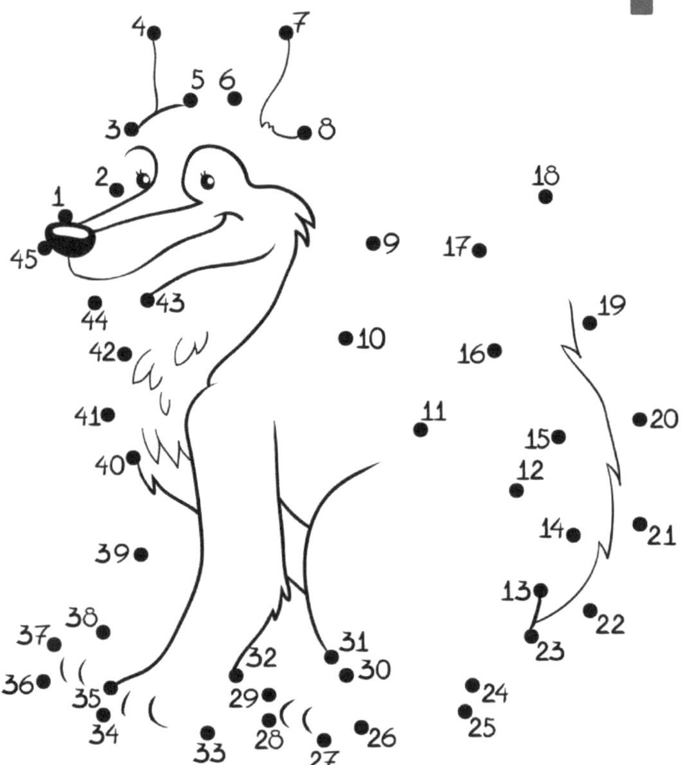

Aufgabe 2: *Finde die Worte und kreise sie ein!*

Buchstabensuppe

G	S	P	Ü	R	H	U	N	D	V	E	F	J	V	X
O	Y	K	L	G	Y	Z	Y	W	T	O	C	T	G	V
Q	O	W	R	L	E	Q	J	C	I	H	M	P	U	H
K	W	Z	O	F	Ü	T	T	E	R	N	O	B	J	U
W	O	O	H	Q	J	P	L	S	M	Q	W	L	J	N
O	G	V	U	L	F	E	L	L	C	K	O	I	Y	D
L	Z	U	M	Q	G	M	L	T	B	B	K	N	Y	W
F	K	E	R	Z	I	E	H	U	N	G	W	D	U	U
B	O	D	O	C	L	X	F	M	V	Y	H	E	E	U
P	I	T	T	T	F	G	D	D	G	R	G	N	M	Q
Y	P	F	L	E	G	E	T	F	Y	A	T	H	J	J
X	V	B	X	H	T	D	U	Q	K	S	Y	U	T	A
T	K	O	M	M	A	N	D	O	M	S	V	N	S	G
J	L	M	Q	Y	Q	U	W	J	T	E	N	D	J	D
P	Q	S	P	O	R	T	U	B	Y	N	Q	C	F	Z

Diese Wörter sind versteckt:

Blindenhund
Kommando
Rassen
Wolf
Erziehung
Füttern
Sport
Jagd
Spürhund
Pflege
Fell
Hund

21. Rätselecke und Spielespaß!

Aufgabe 3: *Schneide die Teile sorgfältig aus und lege das Puzzle richtig zusammen.*

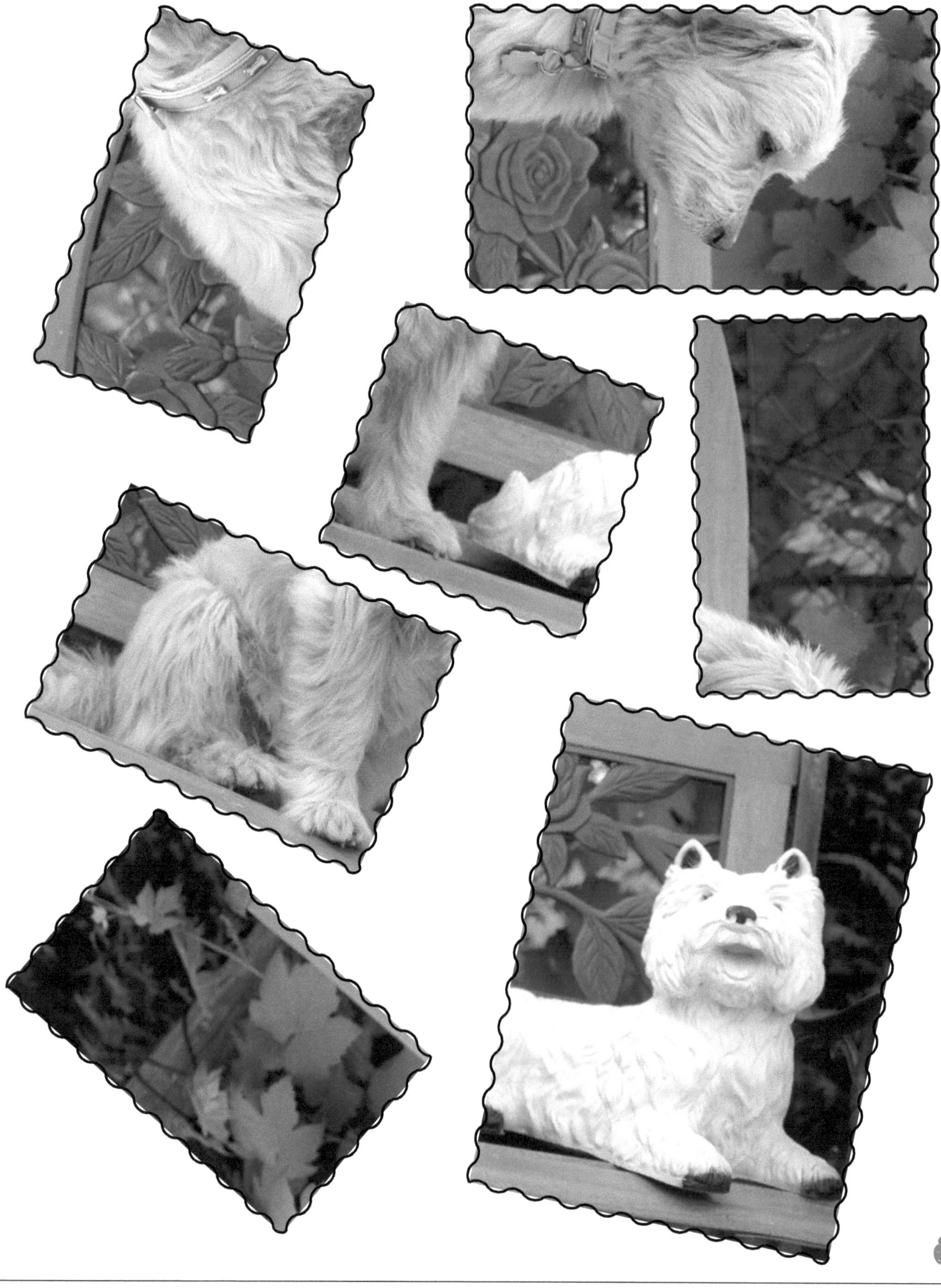

21. Rätselecke und Spielespaß!

Aufgabe 4:

a) achter Buchstabe im Alphabet

b) Tier auf dem Bauernhof

c) Ein weißer Bär mit großen schwarzen Ohren und Augenringen, der Eukalyptus liebt.

d) Ich bin ein Fisch, oft gibt es mich in Dosen zu kaufen. Manche mögen mich gern auf Pizza.

e) Ich bin ein Raubfisch, meine Augen stehen weit auseinander.

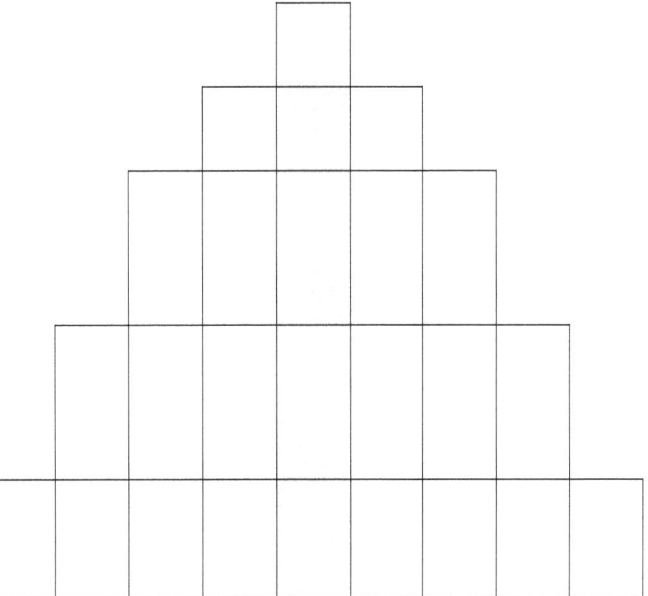

Aufgabe 5:

Hallo ich bin Molly!

SoeinHundeleben,ichhabeHungerundeigentlichistmeinFutternichtweitweg.
Aber ich muss den Weg durch den Irrgarten finden. Könntest du mir bitte dabei helfen?

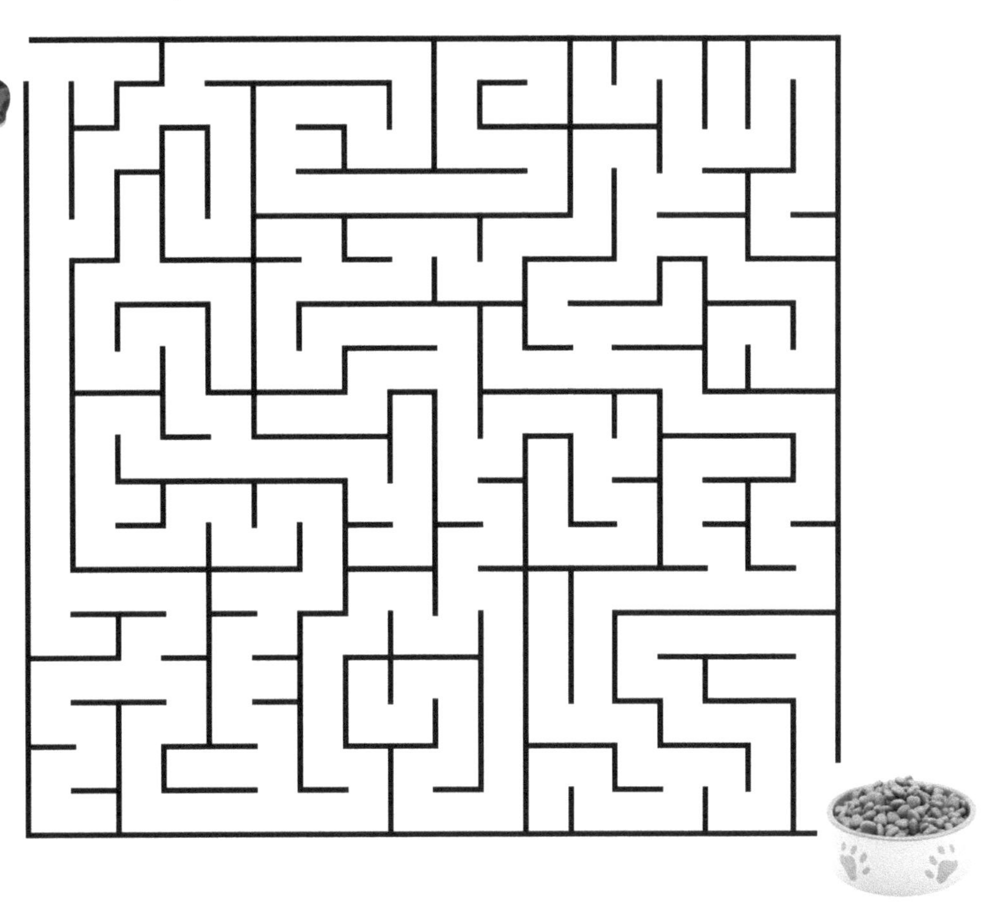

KOHL VERLAG Lernwerkstatt HUNDE Die treuen Begleiter unter der Lupe – Bestell-Nr. 11 966

21. Rätselecke und Spielespaß!

Nach so viel Lerneifer ein wenig Spaß!
Jeder malt das Bild an. Hängt eure Bilder dann ins Klassenzimmer und wählt das schönste Bild. Danach habt ihr euch alle ein „Leckerli" verdient.

Name: ______________________ Datum: ____________ Klasse: ________

KOHL VERLAG Lernwerkstatt HUNDE Die treuen Begleiter unter der Lupe – Bestell-Nr. 11 966

21. Rätselecke und Spielespaß!

Hier lernst du, wie du ganz einfach einen tollen Hundekopf malen kannst. Viel Spaß!

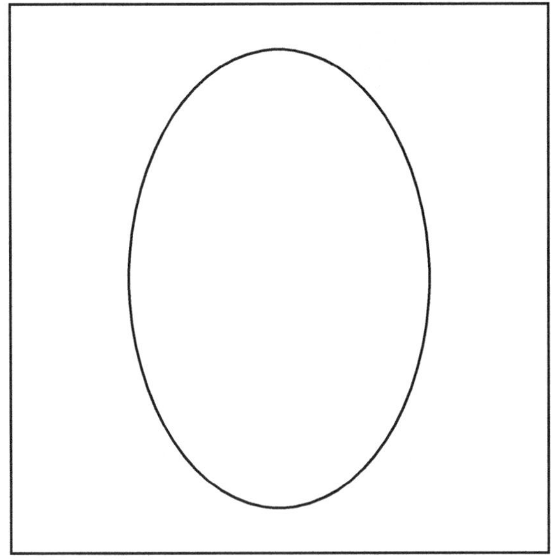

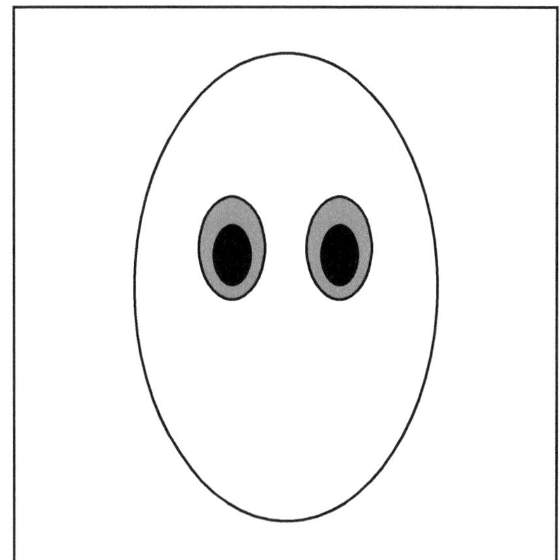

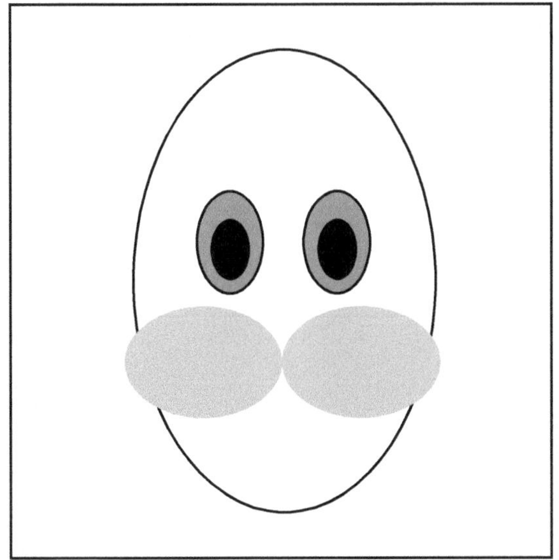

KOHL VERLAG Lernwerkstatt HUNDE Die treuen Begleiter unter der Lupe – Bestell-Nr. 11 966

Lösungen

1. Vom Wolf zum Hund – Der Wolf als Vater aller Hunderassen

Aufgabe 1: individuelle Lösungen

Aufgabe 2:

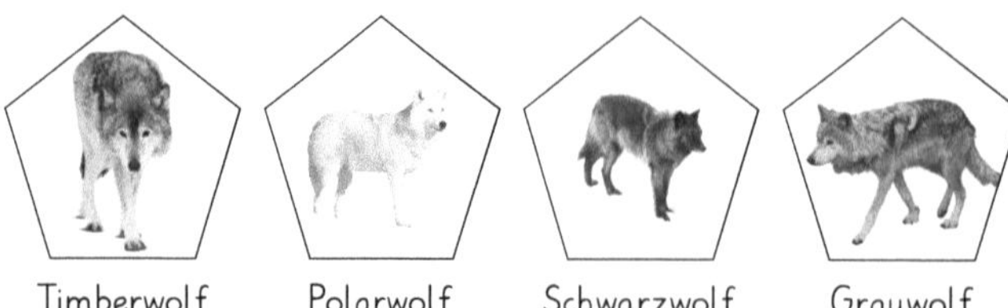

Timberwolf Polarwolf Schwarzwolf Grauwolf

Aufgabe 3: Schon wenn man sich die verschiedenen **Hunderassen** ansieht kann man sich vorstellen, wie sich daraus auch verschiedene Hundearten **entwickeln** konnten. Die **Menschen** haben natürlich einen großen Teil dazu beigetragen. Sie **brachten** die **Tiere** mit den für sie passenden **Eigenschaften** zusammen und erhielten dann wieder eine neue Art. So ging das Jahrhundert für **Jahrhundert** weiter. Wenn man sich dazu wieder ins Gedächtnis bringt, dass dies zeitgleich in **verschiedenen** Ländern in der **Welt** geschah, kann man nachvollziehen, dass es so viele verschiedene **Rassen** gibt.

Aufgabe 4: Romulus und Remus

Aufgabe 5: individuelle Lösungen

2. Von Mensch und Hund – Der Mensch und die Hundezucht

Aufgabe 1: Hunde wurden als Jagdgehilfen, Hüter der Herden, als Bewacher von Haus und Hof und natürlich als treue Begleiter ihrer Herrchen gehalten.

Aufgabe 2: Deutsch Drahthaar, Deutsch Kurzhaar, Pudelpointer, Deutsch Stichelhaar, Griffon, Magyer Vizsla, Bsrbet, Weimaraner, Englisch Pointer, Deutsch Langhaar, Großer Münsterländer, Kleiner Münsterländer, Setter, Bretonen, Cocker Spaniel, Springer Spaniel, Schweißhund, Jagdterrier, Foxterrier, Jack Russel Terrier, Tecke, Dackel, Deutsche Bracke, Beagle, Foxhound, Golden Retriever, Labrador Retriever, Laika, Coonhound, Bloodhound, Harrier

Aufgabe 3:
a) 1873
b) England
c) Damit man bestimmte Merkmale einer Rasse festlegen konnte, um die Hunde miteinander zu vergleichen.

Aufgabe 4:
a) Von 14. – 20. Juli 1863
b) 453 Hunde
c) Im Jahr 2017 = 140 Jahre

Aufgabe 5: Für jede Hunderasse sind Rassestandards festgelegt. Die Hunde werden in den Hundeschauen nach der Übereinstimmung mit diesen Richtlinien bewertet.

3. Der Körperbau des Hundes – Das Gebiss

Aufgabe 1:

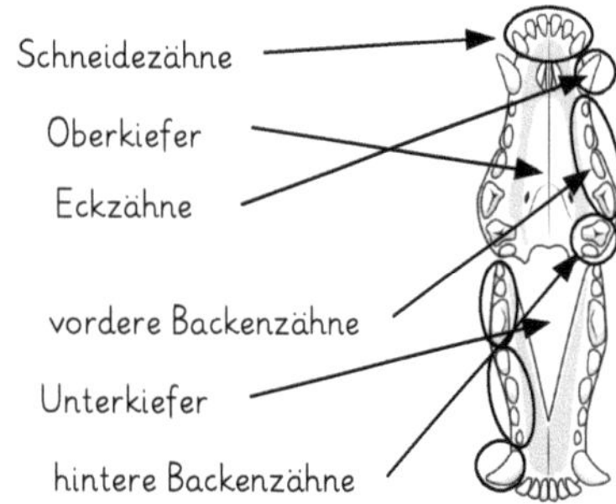

Aufgabe 2: Die Reißzähne greifen wie eine Zange ineinander und damit kann der Hund Fleischstücke zerreißen. Je nach Rasse sind die Kiefer unterschiedlich. Bei Deutschen Schäferhunden greifen die Schneidezähne des Unterkiefers direkt hinter die des Oberkiefers. Bei Rassen mit kurzen Schnauzen wie zum Beispiel dem Boxer ist der Oberkiefer wesentlich kürzer als der Unterkiefer. Die unteren Schneide- und Eckzähne stehen vor den oberen Zähnen. Dies nennt man Vorbiss. Bei Rassen mit langem und schmalem Kopf wie zum Beispiel den Windhunden oder dem Collie ist der Unterkiefer deutlich kürzer als der Oberkiefer, also genau umgekehrt. Das nennt man Hinter- oder Rückbiss.

KOHL VERLAG
Lernwerkstatt HUNDE
Die treuen Begleiter unter der Lupe – Bestell-Nr. 11 966

Lösungen

Aufgabe 4: Die Welpen kommen zahnlos auf die Welt, genauso wie wir Menschen. Die ersten Milch**zähne** kommen mit den **Eck**zähnen ungefähr in der dritten Woche. Das Milch**gebiss** mit seinen 28 Zähnen ist nach rund 6 Wochen komplett. Wie bei uns Men**schen** fallen die **Milch**zähne nach und nach aus und werden durch bleibende Zähne ersetzt. Der Wechsel fängt im dritten Lebens**monat** an und ist meist im siebten Lebensmonat ab**geschlossen**.

Aufgabe 5: Sehr oft kann man in der Zeitung lesen, wie ein treuer Hund oder auch eine Katze die Menschen vor Gefahren gewarnt und somit das Leben der Menschen gerettet hat. So zum Beispiel der Hund „Pui" aus Thailand, er brachte von der Müllhalde eine Plastiktüte mit nach Hause und bellte so lange, bis sein Herrchen nachsah, was sich in der Tüte befand. Dort lag ein neugeborenes Baby, welches jemand einfach weggeworfen hatte. Das Baby überlebte und Pui war der große Held.
Oder Niedersachsen in Deutschland. Hier hatte ein kleiner Hund eine ganze Familie vor dem Feuertod bewahrt. Er bellte so lange, bis der Vater aus dem Schlaf erwachte. Der Vater konnte seine drei Kinder, seine Frau und natürlich auch die beiden Hunde der Familie retten. Das Haus der Familie wurde durch das Feuer vollständig zerstört.

4. Der Körperbau des Hundes – Der Körper

Aufgabe 1:

16	Knie	5	Kehle	1	Stirn	14	Rute
11	Hals	9	Ellenbogen	8	Vorderfuß	13	Kruppe
17	Unterschenkel	19	Flanke	3	Nase	12	Rücken
10	Nacken	15	Oberschenkel	6	Brust	2	Stop
18	Hinterfuß	7	Schulter	4	Lefze		

5. Der Körperbau des Hundes – Die Knochen

Aufgabe 1:

1	**Schädel**	2	Unterkiefer	3	Atlas	4	2. Halswirbel
5	3. Halswirbel	6	Schulterblatt	7	Brustwirbel	8	Oberarm
9	Speiche	10	**Elle**	11	Vordermittelfuß	12	Zehengelenk
13	**Rippen**	14	Lendenwirbel	15	**Becken**	16	**Schwanzwirbel**
17	Oberschenkelbein	18	**Schienbein**	19	Wadenbein	20	Sprunggelenk
21	Hinterer Mittelfuß						

6. Haut und Haar – Das Fell unserer Hunde

Aufgabe 1:

Deckhaar und Wollhaar

nur Deckhaar/Kurzhaar

Aufgabe 2:

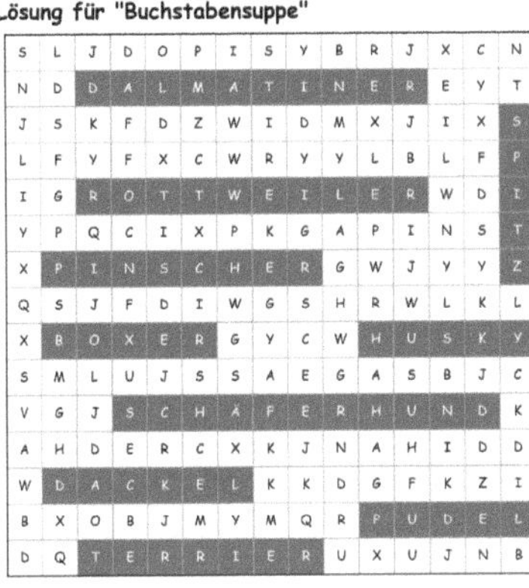

Lösung für "Buchstabensuppe"

S	L	J	D	O	P	I	S	Y	B	R	J	X	C	N
N	D	D	A	L	M	A	T	I	N	E	R	E	Y	T
J	S	K	F	D	Z	W	I	D	M	X	J	I	X	S
L	F	Y	F	X	C	W	R	Y	Y	L	B	L	F	P
I	G	R	O	T	T	W	E	I	L	E	R	W	D	I
Y	P	Q	C	I	X	P	K	G	A	P	I	N	S	T
X	P	I	N	S	C	H	E	R	G	W	J	Y	Y	Z
Q	S	J	F	D	I	W	G	S	H	R	W	L	K	L
X	B	O	X	E	R	G	Y	C	W	H	U	S	K	Y
S	M	L	U	J	S	S	A	E	G	A	S	B	J	C
V	G	J	S	C	H	Ä	F	E	R	H	U	N	D	K
A	H	D	E	R	C	X	K	J	N	A	H	I	D	D
W	D	A	C	K	E	L	K	K	D	G	F	K	Z	I
B	X	O	B	J	M	Y	M	Q	R	P	U	D	E	L
D	Q	T	E	R	R	I	E	R	U	X	U	J	N	B

Lernwerkstatt HUNDE Die treuen Begleiter unter der Lupe – Bestell-Nr. 11 966
KOHL VERLAG

Lösungen

<u>Aufgabe 3</u>: a) Das Fell schützt den Hund vor Wärme und Kälte.
b) Langhaar mit Unterfell, Kurzhaar, Lockig, Drahthaar
c)

Drahthaar	Langhaar mit Unterfell	Kurzhaar	Lockig

7. Die Pfoten – Auf leisen Sohlen

<u>Aufgabe 1</u>: Lösung: **Kralle**

<u>Aufgabe 2</u>:

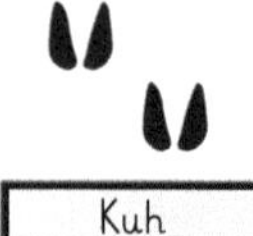
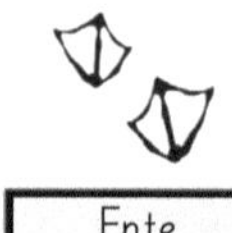

Huhn	Bär	Hund	Kuh	Ente	Schaf

8. Die Sinne des Hundes

<u>Aufgabe 1</u>:

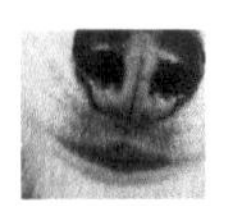
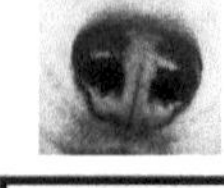
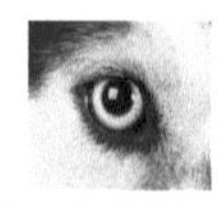
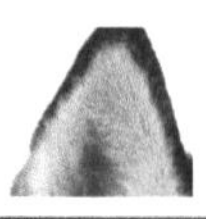

Fühlen / Schmecken	Riechen	Sehen	Hören

<u>Aufgabe 2</u>: Auge = sehen; Ohren = hören; Maul = schmecken; Nase = riechen; Schnauze = fühlen

<u>Aufgabe 3</u>: individuelle Lösungen

<u>Aufgabe 4</u>:

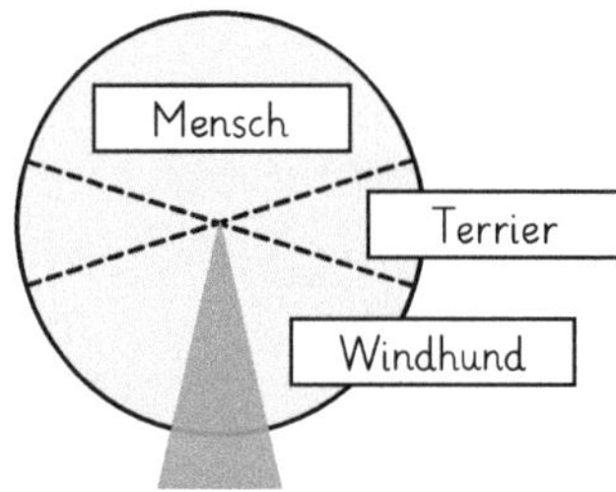

<u>Aufgabe 5</u>: a) 150 Mio b) 5 Mio.

<u>Aufgabe 6</u>: **Diabetes**, **Lebererkrankung**, **Epilepsie**, **Krebstumor**, **Nierenerkrankung**

<u>Aufgabe 7</u>: Lösung: **Hundenase**

<u>Aufgabe 8</u>: Uns **Menschen** ist bekannt, dass der **Hund** wesentlich **besser** hört als wir. Wir können beobachten, dass unser Hund die **Ohren** schon spitzt und aufmerksam wird, obwohl wir noch gar nichts **hören** oder gar sehen. Voll Erstaunen haben wir wahrgenommen, dass unser Hund sogar das **Auto** eines heimkehrenden Familienmitgliedes erkennen kann, während wir nur irgendein Motorengeräusch hören. Bei der **Erziehung** unserer Vierbeiner vergessen wir immer wieder, dass unsere Bellos uns auch hören, wenn wir nicht **schreien**.
Der Mensch „bellt" die **Kommandos** trotzdem so laut, dass selbst die übernächsten Nachbarn es hören können, obwohl dies gar nicht nötig wäre. Der Mensch kontrolliert sich **unbewusst** selber, in lauter Umgebung spricht er lauter, da er selbst **schlechter** hören kann. Doch vergisst der Mensch,dass dies nicht für die Hunde gilt.

<u>Aufgabe 9</u>: individuelle Lösungen

<u>Aufgabe 10</u>: Lösung siehe rechts.
<u>Lösungswort</u>: **Rottweiler**

R	I	E	C	H	E	N		
W	I	N	D	H	U	N	D	
H	Ö	R	E	N				
P	A	P	I	L	L	E	N	
D	I	A	B	E	T	E	S	
H	A	A	R	E				
V	I	B	R	I	S	S	E	N
J	A	C	O	B	S	E	N	
T	A	S	T	H	A	A	R	E
S	C	H	A	R	F			

Lernwerkstatt HUNDE
Die treuen Begleiter unter der Lupe – Bestell-Nr. 11 966
KOHL VERLAG

Lösungen

9. Hunde richtig verstehen

Aufgabe 1:

Spielfreude

Unterwerfung

Aufmerksamkeit

Aggression

Die Beschreibungen sind individuell anzufertigen.

10. Bedürfnisse der Hunde – Mein Hund – mein Freund!

Aufgabe 1:

a) **Grundbedürfnisse:** Futter, Ruhe, Wasser, Gassi gehen, Pflege, Schlaf, Respekt, Regeln, Bewegung, feste Tagesabläufe
b) **Soziale Bedürfnisse:** andere Hunde, Gehorsam, Gesellschaft, Achtung, Lob, Respekt
c) **Geborgenheit:** Bezugsperson, Liebe, Körperkontakt, Familie, Regeln
d) **Sicherheit:** Schlafplatz, Geborgenheit, Rückzugsort, Medizin, Lebenssicherheit, Regeln, feste Tagesabläufe
e) **Persönliche Entfaltung:** Spielgefährten, Jagd, Spiel, freie Entfaltung, Freiraum, Selbstverwirklichung, andere Hunde, Bewegung

Aufgabe 2:

a) 3 bis 5-mal am Tag
b) mindestens einmal am Tag, besser ist zweimal
c) Hunde schlafen bis zu 16 Stunden am Tag.

11. Eigenarten der Hunde – Andere Hunde – andere Eigenarten!

Aufgabe 1: Individuelle Lösung. Der Schüler gestaltet einen eigenen Steckbrief mit den Informationen aus den Texten.

Aufgabe 2:

Bulldogge	Border-Collie	Deutsche Doggen
ordentliche Muskelpakete	Hauptberuf ist das Schafe hüten	um das 16. Jhd. als Großwildjagdhund erstmalig in Deutschland geboren
will immer den Kopf durchsetzen	gut geeignet für Sport, Agility oder Dog-Dancing	wird bis zu 80 kg schwer
hält etwas im Maul fest und lässt es nicht wieder los	sehr verspielt, intelligent und aktiv	ruhiges Gemüt, Familienhund
im 19. Jhd. auch als Jagdhund genutzt	ohne Aufgaben nicht ausgelastet	kann ohne Erziehung ganz schöner Raufbold werden

Chihuahua	Malinois	Bernhardiner
gehört zur kleinsten Hunderasse der Welt	seit dem 13. Jhd. als Wach- und Schutzhund eingesetzt	bis zu 120 kg schwer
Stimme erklingt bei jeder möglichen Gelegenheit	großer Beschützerinstinkt	stammt aus Sankt Bernhard in der Schweiz
im 14 Jhd. Schoßhund bei aztekischen Prinzessinnen	im Dienst von Polizei, Wachschutz, Militär und Zoll	Lebensretter im Schnee
nicht modisches Beiwerk, sondern ein echter Hund	feine Nase spürt verbotene Dinge, Gegenstände und sogar Menschen auf	ruhig, sanftmütig, gemächlich und sensibel

Lösungen

12. Keine Rechnung ohne Hund – Ein Hund kostet viel Geld!

Aufgabe 1:
a) ca. 14 Euro
ca. 60 Euro
ca. 730 Euro
b) ca. 2250 Euro
c) ca. 1050 Euro
d) ca. 375 Euro
ca. 15.000 Euro
e) ca. 11.780 Euro

13. Arbeitshunde & Co. Dienst- und Schutzhunde – Tierische Staatsbeamte

Aufgabe 1: Menschen, Drogen, Sprengstoff, Bargeld, Krankheiten, Pilze, Wild u.v.m.

Aufgabe 2: individuelle Lösung

14. Arbeitshunde & Co. Rettungshunde – Retter in der Not

Aufgabe 1: **Mensch/Halter:** Teamgeist, Kondition, Erste Hilfe an Mensch und Hund, Sprechfunkverkehr, Organisation, Einsatztaktik, Lagebeurteilung, Einsatzbereitschaft, Sanitätsausbildung, Einsatzsicherheit, Trümmerkunde, Bergung, Karten- und Kompasskunde, Suchtechnik

Rettungshund: Geländegängigkeit, Sucharbeit, Gehorsamsarbeit, Kondition, Ausgeglichenheit, Einsatzbereitschaft, Anzeigeübungen, Suchtechnik, Gerätearbeit

Aufgabe 2: individuelle Lösung

15. Arbeitshunde & Co. Assistenzhunde – Lebenspartner auf 4 Pfoten!

Aufgabe 1: a) Assistenzhunde b) Blindenhund c) Servicehund

Aufgabe 2: Blindenhund

Aufgabe 3: Golden Retriever, Pudel (Königspudel/Großpudel), Labrador Retriever

16. Arbeitshunde & Co. Jagdhunde – Die idealen Jagdgefährten!

Aufgabe 1:

Aufgabe 2: individuelle Lösungen

Aufgabe 3: Warum wird immer noch gejagt? Um zu **essen** und zu überleben jagt der Mensch schon seit der Steinzeit. Heute ist dies nicht mehr notwendig. Unser Essen können wir bequem im nächsten **Supermarkt** einkaufen. Da die Menschen jedoch die natürlichen **Feinde** unserer Wildtiere ausgerottet haben, ist er auch dafür verantwortlich, dass das **biologische** Gleichgewicht wieder hergestellt wird. Bei der **Jagd** geht es nicht automatisch nur um das Töten von **Tieren**, sondern darum, den Bestand der verschiedensten Tierarten zu **schützen**. Die Menschen haben dazugelernt und ihnen ist es heute sehr **wichtig**, dass die Artenvielfalt unserer **Wildtiere** erhalten bleibt. "**Hege** und Pflege" ist mit der wichtigste Punkt der Jagdausbildung.

KOHL VERLAG Lernwerkstatt HUNDE Die treuen Begleiter unter der Lupe – Bestell-Nr. 11 966

Lösungen

17. Hundesport – Sport ist kein Mord!

Aufgabe 1: Hunde haben einen angeborenen, natürlichen Drang, eine Aufgabe/Rolle zu übernehmen. In ihrer Entwicklung als Rudeltiere hatten sie stets bestimmte Aufgaben erfüllt. Ein Hund, der den ganzen Tag unbeschäftigt ist, wird unzufrieden und krank. Häufig suchen sich solche Hunde eine Beschäf-tigung im Haus (Möbel, Kleidung, Schuhe zerbeißen o.ä.), die den Menschen gar nicht gefallen. Probleme sind vorprogrammiert.

Aufgabe 2: A = Treibball; B = Turnierhundesport, C = Agility; D = Canicross; E = Flyball; F = Dogdancing

Aufgabe 3: Windhundrennen

18. Hunderassen im Mix – Die richtige Mischung macht's!

Aufgabe 1: Promenadenmischung, Mix, Bastard (ist aber eine negativ belastete Bezeichnung)

Aufgabe 2: individuelle Lösungen

Aufgabe 3: A = Bretone; B = Schnautzer; C = Bretone; D = Terrier; E = Labrador; F = Schäferhund / Collie

19. Mein bester Freund auf vier Pfoten – Mein Hund

Aufgabe 1: individuelle Lösung

20. Welcher Hund ist der richtige? Augen auf beim Hundekauf!

Aufgabe 1: Der Hund muss in allen Bereichen zur Familie passen.

Aufgabe 2: Lösung: Haushund

21. Rätselecke und Spielespaß

Aufgabe 1: Lösung: Wolf

Aufgabe 2:

G	S	P	Ü	R	H	U	N	D	V	E	F	J	V	X
O	Y	K	L	G	Y	Z	Y	W	T	O	C	T	G	V
Q	O	W	R	L	E	Q	J	C	I	H	M	P	U	H
K	W	Z	O	F	Ü	T	T	E	R	N	O	B	J	U
W	O	O	H	Q	J	P	L	S	M	Q	W	L	J	N
O	G	V	U	L	F	E	L	L	C	K	O	I	Y	D
L	Z	U	M	Q	G	M	L	T	B	B	K	N	Y	W
F	K	E	R	Z	I	E	H	U	N	G	W	D	U	U
B	O	D	O	C	L	X	F	M	V	Y	H	E	E	U
P	I	T	T	T	F	G	D	D	G	R	G	N	M	Q
Y	P	F	L	E	G	E	T	F	Y	A	T	H	J	J
X	V	B	X	H	T	D	U	Q	K	S	Y	U	T	A
T	K	O	M	M	A	N	D	O	M	S	V	N	S	G
J	L	M	Q	Y	Q	U	W	J	T	E	N	D	J	D
P	Q	S	P	O	R	T	U	B	Y	N	Q	C	F	Z

Aufgabe 3:

Aufgabe 4:

a) H

b) K U H

c) P A N D A

d) S A R D I N E

e) H A M M E R H A I

Aufgabe 5:

Bildquellenverweis

Auf allen Seiten links/rechts oben: © Grigory Bruev - fotolia.com; Sozialformen: © ronnarid - AdobeStock.com
Seite 5: © JackF, hkuchera & SunnyS - fotolia.com
Seite 6: © Bruno Bernier & jozefkopacka - fotolia.com
Seite 7: © Erica Guilane-Nachez & rook76 - fotolia.com
Seite 8: © otsphoto - fotolia.com
Seite 9: © Alexander Pokusay & sikorskifoto - fotolia.com
Seite 10: © jagodka & javier brosch - fotolia.com
Seite 11: © jagodka - fotolia.com
Seite 12: © Alexander Pokusay - fotolia.com
Seite 13: © Carola Schubbel, jagodka & Eric Isselée - fotolia.com
Seite 14: © Zotelhund, Eric Isselée, eSchmidt, Alexey Kuznetsov, jagodka & rigory Bruev - fotolia.com
Seite 15: © cynoclub, popp_photolia, Pavel Hlystov & cynoclub - fotolia.com
Seite 16: © Marylène & nikiteev - fotolia.com
Seite 17: © JaribFoto & adyafoto - fotolia.com
Seite 18: © burnstuff2003 - fotolia.com
Seite 19: © blanche - fotolia.com
Seite 20: © Tina Damster & javier brosch - fotolia.com
Seite 21: © jagodka - fotolia.com; © DoraZett - fotolia.com
Seite 22: © photosvac - fotolia.com
Seite 23: © Jenny Sturm - fotolia.com
Seite 24: © JoeyBear - fotolia.com
Seite 25: © Eric Isselée, Rita Kochmarjova & Hugo Félix - fotolia.com
Seite 26: © Eric Isselée & Katrina Brown - fotolia.com
Seite 27: © Eric Isselée - fotolia.com
Seite 28: © Rita Kochmarjova - fotolia.com
Seite 29: © jokatoons & JoeyBear - fotolia.com
Seite 30: © crimson - fotolia.com
Seite 31: © Robert Kneschke & shin28 - fotolia.com, © VITA Levin 6 Ashley-Foto - Tatjana Kreidler
Seite 32: © Mijobe & Blaine Hansel - wikimedia commons; Ruediger Rau & ocveit - fotolia.com
Seite 33: © beatrix kido, carmelka_x, Sabine Glässl, absolutimages & Raquel Pedrosa - fotolia.com; © www.gsv-friedrichsort.de/turnierhundesport
Seite 35: © DoraZett & Jana Behr - fotolia.com
Seite 37: © ksenyasavva - fotolia.com
Seite 39: © javier brosch & euthymia - fotolia.com
Seite 40: © stockakia - fotolia.com
Seite 42: © JackF, SunnyS & Alexander Pokusay - fotolia.com
Seite 43: © jadogka & Eric Isselèe - fotolia.com
Seite 44: © cynoclub, popp_photolia, adyafoto, nikiteev & Pavel Hlystov - fotolia.com
Seite 45: © photosvac - fotolia.com
Seite 46: © Mijobe & Blaine Hansel - wikimedia commons; © Ruediger Rau & ocveit - fotolia.com
Seite 47: © ksenyasavva & countrypixel - fotolia.com

KOHL VERLAG Lernwerkstatt HUNDE Die treuen Begleiter unter der Lupe – Bestell-Nr. 11 966